新能源设备制造业的补贴政策设计研究

张慧明　曹　杰　著

国家社会科学基金青年项目（13CGL094）
江苏高校品牌专业建设工程项目（PPZY2015A072）
资助出版

科学出版社
北　京

内 容 简 介

本书是国家社会科学基金青年项目“我国新能源设备制造业补贴的适度规模及模式选择研究”的研究成果总结。本书首先分析产能过剩、关键技术发展特征及发达国家新能源设备制造业补贴政策的经验，明确我国补贴政策存在的问题；其次，基于调查与实证研究，剖析补贴与企业产能利用率、财务绩效之间的关系，从微观层面测度补贴的适度规模、剖析补贴模式的效率，进而提出我国补贴政策优化的方向、路径与重点。

本书可为政府改革补贴政策、新能源企业加强公司治理提供理论依据，也可供相关领域研究者和社会读者阅读。

图书在版编目（CIP）数据

新能源设备制造业的补贴政策设计研究 / 张慧明，曹杰著.—北京：科学出版社，2019.12

ISBN 978-7-03-061866-5

Ⅰ. ①新… Ⅱ. ①张… ②曹… Ⅲ. ①新能源-发电设备-政府补贴-财政政策-研究-中国 Ⅳ. ①F812.0

中国版本图书馆 CIP 数据核字（2019）第 146049 号

责任编辑：魏如萍 陶 璇 / 责任校对：贾娜娜

责任印制：张 伟 / 封面设计：正典设计

科 学 出 版 社 出版

北京东黄城根北街 16 号

邮政编码：100717

http://www.sciencep.com

北京虎彩文化传播有限公司印刷

科学出版社发行 各地新华书店经销

*

2019 年 12 月第 一 版 开本：720 × 1000 1/16

2020 年 11 月第二次印刷 印张：8 3/4

字数：176 000

定价：70.00 元

（如有印装质量问题，我社负责调换）

序　言

发展新能源设备制造业是从产业链上游应对气候变化与能源安全的主要措施之一。美国、德国等发达国家对该产业的支持政策日趋多元化，包括税收、补贴等；中国的起步虽然略晚，但进步明显，现阶段风能、太阳能设备制造业的装机容量在世界的地位举足轻重。

作为战略新兴产业之一，我国新能源设备制造业所得到的政府补贴优惠政策是飞速发展的重要驱动力。不过，补贴的实施不仅给政府带来一定的财政压力，而且加大了国内产能过剩风险。在破解产能过剩这一大难题的同时，如何使产业的发展从政策依赖型转向创新驱动型？张慧明教授的这本书试图回答这一问题。在我看来，该书的研究工作在以下三个方面值得肯定。

（1）构建了企业层面补贴机制改革的研究框架。不可否认，新能源的补贴问题，尤其是新能源汽车、光伏制造等行业的补贴问题已经为大量的学者所关注，分析也较为深入，然而鲜有研究系统构建企业层面的补贴机制改革研究框架。该书在这一方面进行了有益的尝试，由专利技术特征和典型国家经验着手，聚焦最优补贴强度、补贴模式的选择，并且在分析补贴模式时，将新能源设备制造产业与新能源设备再制造产业进行了区分。基于微观层面的研究，使得政府针对企业政策的制定更具有实践上的可操作性。

（2）认为补贴政策的制定不能搞“一刀切”。无论是补贴规模还是补贴模式选择，作者都用实证分析证明太阳能设备制造业和风能设备制造业的效果存在一定差异性。这也与两大行业的技术发展状况有一定关联，政府在制定政策时必须考虑行业的实际情况，在补贴规模强度的设定、补贴模式选择上依据实证结果实施差别性的政策。

（3）认为补贴规模调整的同时必须进行补贴模式的改革。补贴规模的调整是基于产能过剩的角度来考虑的，而补贴模式的改革有利于提升企业的技术创新能力。应该说，补贴的改革既要包括总量的调整，也要包括结构的调整，两者缺一不可。

该书的撰写得到了国家社会科学基金青年项目、江苏高校品牌专业建设工程项目的资助，结题考核为“优秀”，表明张慧明教授的研究具有一定的认可度。好的成果应该是伴随实践逐步形成的，从目前来看，该书研究还有待于进一步拓展：如限于研究的时间，还没能考虑下游光伏发电补贴退坡等因素对新能源设备制造业的冲击；另外，补贴规模控制、补贴模式优化后，如何将补贴政策与其他类型的政策工具搭配？期望作者及时跟进太阳能、风能等设备制造业发展中的新情况、新问题，继续为国家的战略规划献策献力。

中国工程院院士

2019年6月28日

前　　言

当前我国新能源设备制造业的发展举步维艰，突出表现为国内产能过剩、新能源设备制造企业亏损严重。近年来我国新能源设备制造业得到了政府的强力支持，中央与地方政府给予的补贴加剧了产能扩张态势。统计数据显示，2011 年风电与太阳能设备均有 40%以上的产能处于过剩状态，2012 年仍然存在产能过剩问题。与产能过剩相对应的是关键技术（如硅片切割设备、光伏电池等）滞后。产能过剩及关键技术滞后导致市场竞争激烈，企业亏损严重。发达国家的经验表明，在一定的阶段内，选择适度的补贴规模、补贴模式而不是完全取消补贴是破解以上结构性难题的重要举措，因此，如何优化我国新能源设备制造业的补贴政策就成为亟待解决的问题。本书突破了以往文献仅注重从宏观层面研究新能源补贴问题的局限性，由企业的补贴规模及补贴效率作为切入点展开分析，理论上不仅推进了资源产业管理、制造业与公司治理研究的交叉融合，实践上也有助于提升新能源设备制造业的补贴财务绩效及自主创新能力，从根本上摆脱该行业面临的两大困境。

新能源设备制造业的政府补贴机制改革是现实中颇受关注而在理论上亟待进一步研究的问题。由企业微观层面展开分析，是对传统仅注重政府补贴宏观影响研究的突破；政府补贴对企业产能影响的实证分析，是对以往制造业或农业公司研究仅关注企业财务绩效及技术创新效应的拓展。本书的研究不仅可以丰富制造业与能源经济的内容，也可以在一定程度上推进能源经济、制造业与技术创新、公司治理研究的交叉融合，为政府科学制定制造业产业政策提供一般方法论与政策分析工具。在宏观与中观上，通过比较国内外新能源设备制造业政府补贴的对象、补贴的模式、补贴的行业和效果，总结发达国家经验与教训，对中国新能源设备制造业的问题研究具有重要的借鉴意义；通过分析政府补贴对于产能利用率、企业财务绩效的影响，将有助于政府制定补贴改革政策，同时也可以加强公司治理。

本书的总体思路是问题辨识（理论研究、比较研究、内容分析法、专利地图）

—关键计量指标遴选（文献与调查研究）—补贴的产能效应（门槛回归）—补贴模式的实证检验（动态博弈模型、门槛回归模型）—补贴效果分析的案例研究—政策方案。本书分为六章：第一章新能源设备制造业的产能过剩；第二章新能源设备制造业的技术发展特征；第三章新能源设备制造业补贴政策的国际比较；第四章新能源设备制造业补贴的适度规模测度；第五章新能源设备制造业补贴的模式；第六章政府补贴改革与政策设计。其中第一章与第二章为并列关系，分别从补贴的表象因素与真实因素两个方面讨论补贴的动机。第三章构建了补贴的国际经验分析框架，对比分析美国、巴西、日本等国的新能源设备制造业补贴政策。在此基础上第四章采用门槛回归模型分析判定怎样的补贴规模是适度的、有助于缓解产能过剩。第五章将补贴模式按照两种不同的标准分类，比较原始制造情境下直接补贴与间接补贴、创新型补贴与非创新型补贴对企业财务绩效影响的差异性，并构建动态博弈模型分析再制造补贴模式的选择。第六章结合前几章的研究结论提出政策建议。

张慧明

2019 年 7 月 2 日

目　　录

第一章　新能源设备制造业的产能过剩……1
　第一节　新能源设备制造业发展的政策动因……1
　第二节　新能源设备制造业的产能过剩风险……2
　第三节　结语……3
第二章　新能源设备制造业的技术发展特征……4
　第一节　研究方法与数据来源……6
　第二节　新能源设备制造技术的特征……7
　第三节　结语……14
第三章　新能源设备制造业补贴政策的国际比较……16
　第一节　我国新能源设备制造业补贴政策的缘起与演变……16
　第二节　我国新能源设备制造业补贴政策的多维度分析……23
　第三节　典型国家新能源设备制造业补贴政策的比较……32
　第四节　补贴政策实施的效果评价……42
　第五节　结语……44
第四章　新能源设备制造业补贴的适度规模测度……46
　第一节　研究设计……48
　第二节　补贴对产能利用率的门槛效应……50
　第三节　实例分析……55
　第四节　结语……56
第五章　新能源设备制造业补贴的模式……58
　第一节　新能源设备制造业补贴模式的概述……58
　第二节　新能源设备制造企业的补贴模式……62
　第三节　新能源设备再制造企业的补贴模式……69
　第四节　结语……75

第六章　政府补贴改革与政策设计 77
　第一节　研究结果总结 77
　第二节　补贴政策改革与政策设计 79
参考文献 83
附录 89

第一章 新能源设备制造业的产能过剩

第一节 新能源设备制造业发展的政策动因

在气候变化、能源安全、环境污染的三重压力下，发展风能、太阳能、生物质能等新能源成为解决以上问题的重要举措。目前，世界主要能源生产消费国如美国、巴西、日本等为支持新能源设备制造业的发展，均出台了补贴政策；而中国的补贴政策极大地提升了产品的竞争力。

针对太阳能设备制造业，2009 年财政部、科技部、国家能源局颁布了《关于做好金太阳示范工程实施工作的通知》，计划在未来 2～3 年内，投入近 200 亿元以补贴光伏产业发展。2009 年，出台的《财政部 科技部 国家能源局关于实施金太阳示范工程的通知》和《财政部关于印发〈太阳能光电建筑应用财政补助资金管理暂行办法〉的通知》调整了补贴政策内容，关于补贴标准：①中央财政对示范项目建设所用关键设备，按中标协议供货价格的一定比例给予补贴。2010 年用户侧光伏发电项目、偏远无电地区独立光伏发电项目补贴比例设置分别为 50%、70%。对于新能源设备的回收再制造，该通知规定车用动力电池（不含铅酸电池）回收用于示范项目储能设施的，参照储能铅酸蓄电池补贴标准给予支持。②示范项目建设的其他费用采取定额补贴。2010 年补贴标准暂定为：用户侧光伏发电项目、偏远无电地区独立光伏发电项目分别为 4 元/瓦、10 元/瓦。2012 年 9 月 14 日，国家能源局发布《国家能源局关于申报分布式光伏发电规模化应用示范区的通知》，鼓励各省（区、市）利用自有财政资金，在国家补贴政策基础上，以适当方式支持分布式光伏发电示范区建设。补贴政策从太阳能设备制造业的下游推动了产业的发展。

风能和生物质能设备制造业也是中央政府关注的主要新能源产业。依据2006年制定的《财政部 国家发展改革委 农业部 国家税务总局 国家林业局关于发展生物能源和生物化工财税扶持政策的实施意见》，国家将提供生物能源与生物化工生产企业弹性亏损补贴、税收优惠、示范补助等优惠政策；2008年制定的《风力发电设备产业化专项资金管理暂行办法》规定，中央财政安排专项资金支持风力发电设备产业化。与此同时，一些地方政府也制定了补贴扶持政策。例如，江苏省人民政府办公厅于2009年制定了《省政府办公厅关于转发省发展改革委江苏省光伏发电推进意见的通知》，提出积极争取免征增值税和出口关税退税等扶持政策；运用风险投资、金融信贷、吸引外资等多种渠道和形式，建立光伏发电产业发展投融资平台。在补贴政策的支持下，我国的新能源产业发展十分迅速，尤其是光伏产品在世界市场份额中占有较大的比重，然而这也造成了产能过剩的风险。

第二节 新能源设备制造业的产能过剩风险

从理论上来看，政府补贴，尤其是受政绩驱动的补贴行为可能会扭曲对企业的投资行为，进而导致行业重复建设及产能过剩（耿强等，2011）。而在现实中，一些学者的研究已经表明，2012年中国光伏电池产能占全球的比重为63%（张嵎喆和王俊沣，2013），同年度风能的产能过剩率超过50%，2013年这两个行业仍然面临产能过剩问题。

2013年，天则经济研究所发布的研究报告表明，我国太阳能电池产能过剩率达95%。在众多光伏设备制造企业中，无锡尚德太阳能电力有限公司被裁定破产重组，这是太阳能设备制造业迅速扩张，进而导致产能过剩的一个典型案例。2001年成立的无锡尚德太阳能电力有限公司受到地方政府的强力支持，2005年在纽交所上市，五年后公司的产能位居全球第一。但是伴随无锡尚德太阳能电力有限公司的迅速扩张，全国的效仿者众多，截至2010年，全球前五位的太阳能组建供应商中有四位来自中国。一方面，国内产能扩张、市场需求萎缩；另一方面，欧美等国对我国出口的新能源设备制造产品进行“双反”调查，为无锡尚德太阳能电力有限公司与其他太阳能制造企业的亏损埋下伏笔。

与光伏产业类似，风电设备产业同样面临产能过剩风险。在经历产业快速发展后，2011年中国主要风电设备制造产业产能已经超过30吉瓦，但该年度新增风机装机容量仅为18吉瓦。从新增风机装机容量的年均增长率来看，2011年降低了 6.9%，2012 年年均增长率跌幅高达 26.5%；从产能利用率来看，2013 年风电设备产能利用率为 67%，低于国际标准 75%。

因此，中国政府是否要取消新能源设备制造业的补贴或改革补贴机制就成为现实中极为关注而理论上亟待解决的难题。

第三节　结　　语

在对新能源设备制造业发展背景的回溯基础上，分析产能过剩的潜在风险。结合中国补贴政策与补贴实践，得出以下结论：补贴政策虽然在一定程度上提升了新能源设备制造业的竞争力，但是补贴过度可能扭曲对企业的投资行为，导致产能过剩。因此，为有效解决新能源设备制造业产能过剩难题，必须进行补贴政策的改革。

第二章　新能源设备制造业的技术发展特征

发展新能源设备制造技术对提升产业竞争力至关重要。当前我国新能源设备制造业的部分核心技术滞后，以太阳能与生物质能为例，太阳能光伏电池的重要原料多晶硅对发达国家的依存度较高；大型的切割设备、碲化镉、多晶硅铸锭等关键技术装备依赖于国外进口；生物质能技术同样如此，发电机设备、防电晕涂料、生物质颗粒燃烧锅炉等制造技术相对滞后，燃烧效率低、高温腐蚀等技术问题悬而未决，一些关键设备尚未摆脱对国外技术的依赖。

技术的滞后，使得新能源设备制造业在产能过剩的挤压下举步维艰。由此，从表象上看，补贴机制改革的本质是关键技术的驱动。从这一点出发，探求新能源设备制造业关键技术的结构特征、技术演变，将有助于补贴政策的制定，提升该产业的核心竞争力，从根本上扭转新能源设备制造业面临的困境。考虑到新能源设备制造业包括核能、生物质能、风能、太阳能等设备制造，其中风能、太阳能应用最为广泛，且风能发展过程中，海上风电设备制造技术的推进具有较强的现实性与可行性，这是因为：从资源禀赋来看，我国近海风能资源丰富，全年风速大于或等于3米/秒的时间为7000～8000小时，大于或等于6米/秒的时间为4000小时；按照与陆上风能资源同样的方法估算，海上10米高度可利用的风能资源为7.5亿千瓦（倪云林等，2009）；从政策支持来看，我国先后颁布《风力发电设备产业化专项资金管理暂行办法》（2008年）、《风电特许权项目前期工作管理办法》（2003年）、《海上风电开发建设管理暂行办法》（2010年）、《风电标准体系框架》（2010年）、《海洋工程装备制造业中长期发展规划》（2012年）、《国家发展改革委关于海上风电上网电价政策的通知》（2014年）等，给予风电产业发展以产品、研发补贴及税费优惠；从海上风电的实践来看，自2003年我国启动了风电市场以来，广东、上海、浙江、海南、河北、山东等沿海省市相继制订发展规划，并在岱山、黄骅、上海、如东、东台等地筹建海上风电场。

虽然中央及地方制定了一系列政策，但海上风电设备易受强风载荷、海水腐蚀及波浪冲击的影响，这使得海上风电设备远比陆上风电设备的风险大，技术的标准也更高；而与之相对应的是，我国海上风电装备技术支撑体系薄弱，海上风电机组、叶片、冷却系统及海上风电场的施工、运输、安装、维护等技术滞后。在此情境下，构建完善的关键装备发展政策体系、提升技术创新能力已成为亟待解决的难题。基于以上分析，本书以海上风电装备技术作为研究对象，由专利地图视角分析其技术发展特征。

从理论层面上，将专利地图嵌入海上风电装备技术分析的文献相对匮乏，有限的研究集中于以下几个方面。

（1）专利情报或数据分析。Noailly 和 Ryfisch（2015）通过专利数据测度了跨国公司绿色研发的国际化程度，不过这仅给予使用专利数据分析中国海上风电装备技术发展以初步启示。Dubaric 等（2011）利用瑞典专利局的数据库对风能专利申请进行了探究，发现专利数据可以用来分析这类技术的成熟度和演化程度。由专利预警系统的两个迥异性变化，Daim 等（2012）分析了不同的风能技术。Benson 和 Magee（2014）在搜集专利数据基础上，对比了其他三个技术领域，即风力涡轮机、太阳能光伏和电容器的成本/投资年度改进率之间的差异。同样关注风力涡轮机器，Huenteler 等（2016）利用专利引文网络分析验证了产品设计层次对技术知识进化存在显著影响。Kapoor 等（2015）以专利审查员分配的引用类型分析为前提，重点考察了顶级风电企业的专利申请活动。Urban 等（2015）指出，风能技术领域的创新（如专利）在历史上一直集中在北方，中国和印度是风能技术转移的主要接受国。根据 1991～2008 年西欧八个核心风电技术国家的数据集，Grafström 和 Lindman（2017）在他们的发明模型中发现了国家和国际知识溢出的证据。Lindman 和 Söderholm（2016）还关注了西欧国家，他们通过研究专利申请数据分析了公共研发政策对创新的影响。

（2）专利地图的使用。宓翠等（2010）通过使用专利地图对中国知识产权网公布的机构研发团队数量、位置、分布、投入/产出及风电技术专利国际专利分类进行统计分析和比较研究。结果显示，尽管我国风电技术的专利数量正在快速增长，但相对于国外先进风电企业，参与研发的机构和人员数量仍然较低。Tsai 等（2016）研究了海上风电装备技术的发展，发现工程船舶、涡轮机安装、系泊系统而不是风力涡轮机本身被确定为优先发展的技术，与此同时，也为远东国家提出了特定发展战略。

尽管学者们对海上风电装备技术进行了富有成效的研究，但仍存在两个缺憾：①从专利地图的视角分析中国海上风电技术关键政策选择的文献极为匮乏。现阶段极少数研究关注的是陆上风电技术专利数据信息问题，然而陆上与海上风电技术在技术装备上存在一定的差异性，后者对关键技术装备提出了更高的要求，如运营中设备运输、维修等。②大多数研究将专利活动认为是静态过程，而不是动态过程，从而忽略了技术发展的演化过程。因此，本章的主要目标在于建立一个随时间推移、区域分布和专利结构的演化分析框架，以探究中国海上风电装备制造业的技术特征。专利数据分析的时间起点设置为 1985 年 1 月 1 日。

第一节 研究方法与数据来源

一、研究方法

作为技术信息最有效的载体，专利涵盖了全球 90%以上的最新技术情报，比一般技术刊物所提供的信息早 5～6 年，而且内容翔实准确。专利地图，是将蕴含在专利文献中包含的技术、经济、法律进行搜索、筛选、分类、归纳，以各种直观图表形式反映出来的一种专利分析研究方法，具有类似地图的指向功能。专利地图是科技竞争新形势下一种重要的战略情报获取工具，在未来信息竞争中扮演着举足轻重的角色（肖国华等，2007）。

二、数据来源

以“北京合享智慧专利数据库”为检索信息源，检索时间范围为 1985 年 1 月 1 日至 2016 年 12 月 30 日。检索的起始时间设置为 1985 年 1 月 1 日是因为《中华人民共和国专利法》实施于该年份。北京合享智慧信息科技有限公司开发了中国首个将全球海量专利数据深度整合的、中英文双语检索的科技创新情报平台——IncoPat。它是迄今国内唯一涵盖 230 余年、包括 102 个国家约 1.04 亿项专利数据的情报平台。在专利检索过程中，结合了关键词和国际专利分类（international patent classification，IPC）号，其中关键词包括风力、风力发动机、风力驱动、风力涡轮机、风力转子、永磁发电机等。IPC 号包括风力发动机（IPC 号 F03D9）、风轮机的部件和附件（IPC 号 F03D1）、一种垂直轴风电叶片装置（IPC 号 F03D3）、风力发电机组的塔架基础（IPC 号 F03D11）、船舶的推进装置或操舵装置（IPC 号 B63H）、塔和桅杆（IPC 号 E04H12）等。需要强调的是，每个

IPC 号都意味着不同的海上风电设备。然后结合关键词和 IPC 号，根据搜索公式进行搜索。在这些 IPC 号中，有些专利，如 F03D1、F03D3 和 F03D11，所包含的专利既适用于陆地风电也适用于海上风电。在检索过程中，本书还考虑了海上风电与陆上风电的差异。与后者相比，海上风电具有特殊性，如区分海洋的功能区域、水道、电缆铺设等。塔和其他材料易受盐和喷雾腐蚀、波浪载荷、与海冰的碰撞及破坏台风的影响，所有这些都需要特殊的设备和运输工具操作和维护。

第二节 新能源设备制造技术的特征

一、专利申请的时间演变

专利年度申请数量可以较为准确地反映专利年度变化情况。图 2.1 显示，1996 年我国海上风电的专利申请数量为 2 项，分别是李英杰的"风力发电装置"与东北大学的"发电和推进装置的螺旋透平"。显然，中国在海上风电技术领域还处于关键技术研究的起步阶段。2005 年之前，中国海上风电技术领域的专利申请数量大部分低于 20 项（2004 年为 21 项），处于缓慢发展阶段。2006～2013 年，中国海上风电技术专利申请量进入快速增长阶段，年均增长率为 27.16%，2013 年已达到 215 项。该变化可以归结于中国能源生产与消费的结构不合理：现阶段中国可耗竭性能源生产与消费所占的比重超过了 70%，导致严重的能源安全与环境污染问题，在此情境下发展新能源具有一定潜力。从 2006 年开始，政府出台了一系列激励政策，如《国务院关于加快振兴装备制造业的若干意见》（2006 年）、《可再生能源中长期发展规划》（2007 年）、《财政部关于调整大功率风力发电机组及其关键零部件、原材料进口税收政策的通知》（2008 年）、《风力发电设备产业化专项资金管理暂行办法》（2008 年）、《海上风电开发建设管理暂行办法》（2010 年）、《风电标准体系框架》（2010 年）、《海洋工程装备制造业中长期发展规划》（2012 年）等，这些政策在一定程度上推进了海上风电设备制造技术的发展。2014 年开始，中国海上风电技术领域的专利申请数量开始下滑，重回 200 项/年之下，究其原因可能是该年份相继颁布《国家能源局关于规范风电设备市场秩序有关要求的通知》与《国家能源局关于印发全国海上风电开发建设方案（2014—2016）的通知》，这些旨在规制我国风电行业的市场秩序和重复建设的政策，对海上风电设备可靠性和高研发成本提出了严格的技术要求，降低了专利申请数量。较之于中国，欧美等国家在海上风电技术的创新方面起步早，在1997年以前的专利申请数量较少，但1998～2003年，专利申请数量呈现大幅攀升态势，这是示范项目的启动，特别是兆瓦级及海上风电场出现所致；2004年专利申请数量又有所下降，而2007年开始又因英国、德国等国家的政策支持，专利申请数量恢复大幅增长（谭思明等，2011）。2006年，德国通过了强制推进海上风电技术的《能源经济法》和《加快新基础设施规划法案》，随后德国环境部给予大量资金支持。同样在2006年，英国建立了基于市场的定价机制，并制定《能源白皮书》旨在2007年进一步发展可再生能源技术。

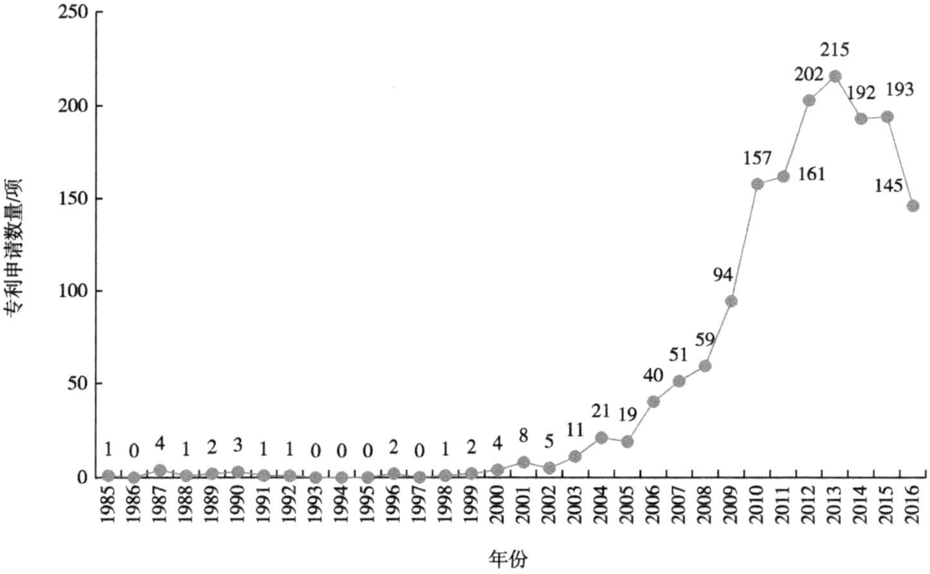

图2.1 中国海上风电技术专利申请数量的年份分布

二、专利申请的地区分布

图2.2展示了中国海上风电产业专利申请的地区分布特征。在检索到的1595项专利中，专利申请数量排名前10位的省市共有1187项，占比高达74.42%。这些省市的专利申请数量和占比由高到低分别为：北京（222项，13.92%）、浙江（184项，11.54%）、江苏（156项，9.78%）、广东（164项，10.28%）、上海（133项，8.34%）、山东（135项，8.46%）、辽宁（73项，4.58%）、福建（59项，3.70%）、

天津（38 项，2.38%）和四川（23 项，1.44%）。

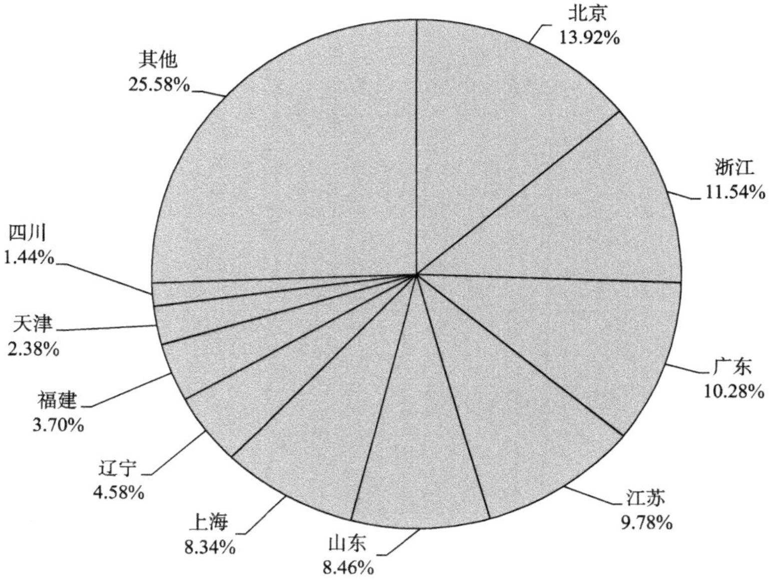

图 2.2　专利申请的地区分布

不难发现，北京、浙江、江苏、广东和山东 5 省（直辖市）的专利申请数量居多，占国内专利申请总量的 53.98%；专利申请数量排名居前 10 位的除了四川省在西部地区，其他均在东部地区。进一步地，表 2.1 给出了海上风电的 10 项细分技术的专利在中国主要 10 省（直辖市）的分布情况。整体而言，浙江、上海、山东 3 个沿海或沿江省（直辖市）的技术涉及面更加广泛；而福建与四川的专利结构严重失衡，前者在一种风力发电机组风轮锁定装置（IPC 号 F03D11/00）、风力发电机组的塔架基础（IPC 号 F03D11/04）、双舱风力机驱动的空气压缩系统（IPC 号 F03D9/02）、单桩四叶轮水平轴无源自变距双向潮流发电机组（IPC 号 F03B13/26）、一种无线充电装置（IPC 号 H02N6/00）等技术上专利较少，后者则在风力发电机组的塔架基础（IPC 号 F03D11/04）、一种大叶轮变速箱水轮发电机组（IPC 号 F03B13/00）、一种 FGD 废水处理装置（IPC 号 C02F103/08）、双舱风力机驱动的空气压缩系统（IPC 号 F03D9/02）、单桩四叶轮水平轴无源自变距双向潮流发电机组（IPC 号 F03B13/26）、一种无线充电装置（IPC 号 H02N6/00）等技术上专利较少。专利申请数量排名前 10 位的省（直辖市），其研发的重点均集中于风力发动机，且细分项旋涡式风机（IPC 号 F03D9/00）的专利申请数量最多。

表 2.1　中国主要省（直辖市）的海上风电技术专利申请分布（单位：项）

IPC 号	北京	浙江	江苏	广东	上海	山东	辽宁	福建	天津	四川
F03D9/00	89	62	71	63	56	52	39	36	10	14
F03D11/00	36	32	32	38	24	8	5	1	5	4
F03D11/04	22	0	13	13	21	12	5	1	7	1
F03D14/14	0	0	0	0	0	0	0	0	0	0
F03B13/00	13	10	12	12	5	17	1	9	0	1
F03D3/06	9	15	8	17	6	7	5	5	4	3
C02F103/08	20	14	0	11	0	14	8	4	3	0
F03D9/02	12	27	7	5	5	2	5	1	2	0
F03B13/26	12	16	6	0	10	15	3	2	5	0
H02N6/00	9	8	7	5	6	8	2	0	2	0

三、专利类型和法律状态

图 2.3 描述了中国海上风电技术专利的类型分布情况。在 1595 项专利中，发明专利 930 项，占总数比重为 58.31%，其次是实用新型专利，占总数比重为 41.56%，仅 2 项专利是外观设计专利。由于发明专利对科技含量与技术密集程度要求较高，中国发明专利申请数量略高于实用新型专利，表明其技术结构与欧洲和美国的情况已经接近，海上风电装备拥有相对合理的专利结构，但就发明专利所占比重而言，相比发达国家（发明专利占绝对优势）仍有一定差距。

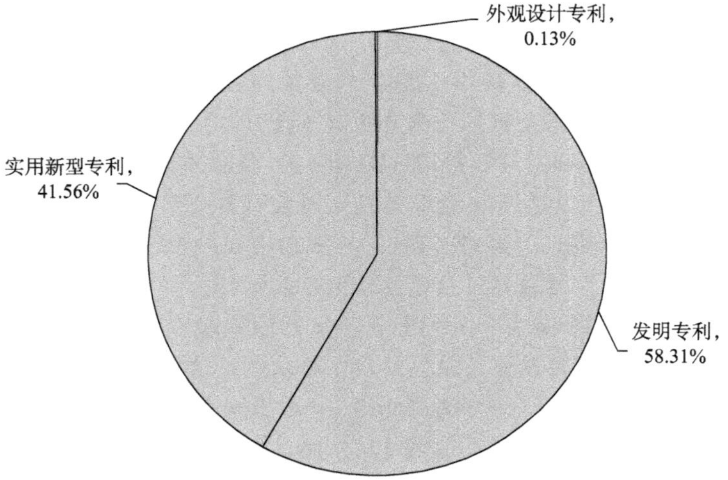

图 2.3　三类专利的占比结构

从最新的法律状态来看，检索所得的 1595 项中国海上风电技术专利中，有效和在审的总体比例分别为 40.15%和 21.21%，超过 38%的专利处于失效（包括驳回、撤回、放弃和权利终止）状态，高失效率的原因可能在于：①中国海上风电产业缺乏更深层次的技术创新和工业化能力；②知识产权（intellectual property rights，IPR）保护不足，致使部分申请人不愿意为其专利续费。

四、专利技术结构

表 2.2 给出中国海上风电技术的主要 IPC 号，中国海上风电技术目前尚集中于风力发动机、液力机械或液力发动机和船用设备等上，对电机、供电配电系统和船舶的推进装置或操舵装置等研究较少；而欧洲和美国在单元技术、浮动装置、系泊系统、塔等技术上研究较多。

表 2.2　中国海上风电技术主要 IPC 号及含义

序号	IPC 号	IPC 号含义（简述）
1	F03D	风力发动机
2	F03B	液力机械或液力发动机
3	B63B	船用设备
4	C02F	水处理
5	H02J	供电配电系统
6	H02N	其他类不包含的电机
7	H02K	电机
8	F03G	弹力、重力和惯性等类似发动机
9	E02B	水利工程
10	B63H	船舶的推进装置或操舵装置

五、专利申请人特征

分析专利申请人特征有助于挖掘技术创新主体的特征。图 2.4 给出专利申请数量排前 10 位的专利申请人分布状况。前 10 位专利申请人中，企业有 4 家，高校或科研院所有 5 所，自然人有 1 位。可见，中国在海上风电技术的专利申请是以高校或科研院所和相关领域的企业为主，且高校或科研院所仍然是中国科技研发的主力军。浙江海洋大学、广东明阳风电产业集团有限公司和上海交通大学的海上风电技术专利申请数量均超 25 项，处于专利申请数量的前 3 位；其次是国电联合动力技术有限公司、中国科学院工程热物理研究所和国家电网有限公司，专利申请数量在 20～25 项区间；位居第三层次的专利申请数量为 10～15 项，申请人包括张波峰、上海海洋大学、哈尔滨工程大学和华锐风电科技（集团）股份有限公司。

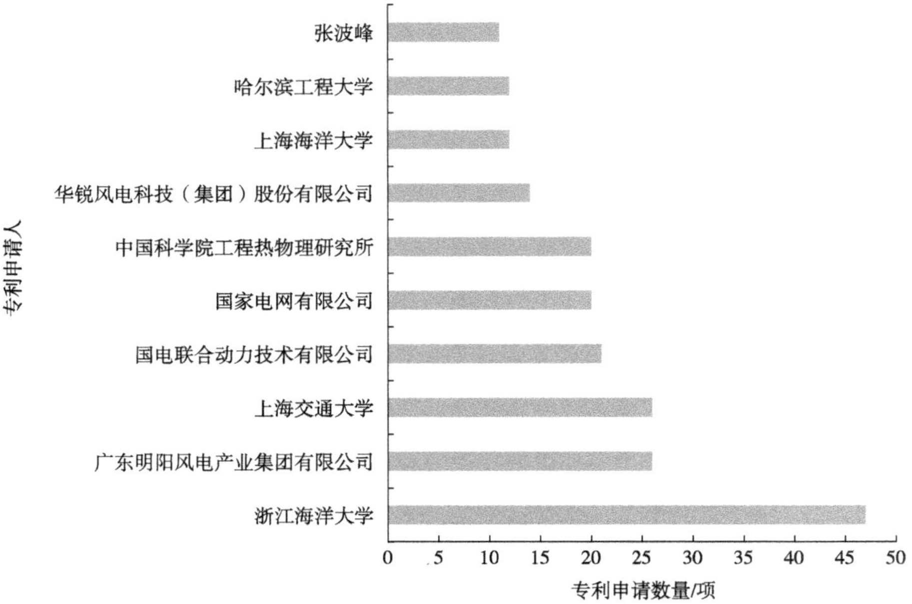

图 2.4　中国海上风电技术领域主要专利申请人分布

通过分析专利申请人的所有制特征可知，位居前 10 位的 4 家企业中，国电联合动力技术有限公司和国家电网有限公司是国有企业，专利申请数量共 41 项；广东明阳风电产业集团有限公司和华锐风电科技（集团）股份有限公司是非国有企业，专利申请量为 40 项，这两家企业分别上市于美国纽约证券交易所和上海证券交易所。按照中国可再生能源学会风能专业委员会、中国农业机械工业协会风力机械分会和国家可再生能源中心联合发布的“2017 中国风电整机商装机排名”，广东明阳风电产业集团有限公司与华锐风电科技（集团）股份有限公司位居前 5 位。

为识别主要专利申请人的技术差异，本节展示了排名前 10 位的专利申请人的技术布局。图 2.5 显示排名前 10 位的专利申请类型集中于 F03D。除了 F03D、F03B、B63B、C02F 外，在其余 6 个专利申请领域中，专利申请数量均小于 6 项，表明中国在这些领域的研究不足。在前 4 项技术领域，浙江海洋大学的 3 项技术，即风力发动机、液力发动机、船用设备排名第一，具有明显优势；但在水处理技术上缺乏研究，仅有 2 项专利。上海交通大学的专利申请数量排名第二，广东明阳风电产业集团有限公司与张波峰具有相似之处：专利申请集中在风能涡轮机的研发上，缺乏其他技术领域。国电联合动力技术有限公司、上海海洋大学和哈尔滨工程大学在专利申请上也有类似之处：风力发动机和液力发动机研发突出，其他项技术相对薄弱，专利申请数量较少。中国科学院工程热物理研究所、国家电网有限公司和华锐风电科技（集团）股份有限公司在前 4 项技术的研发上均有专利申请，但主要限于风力发动机。

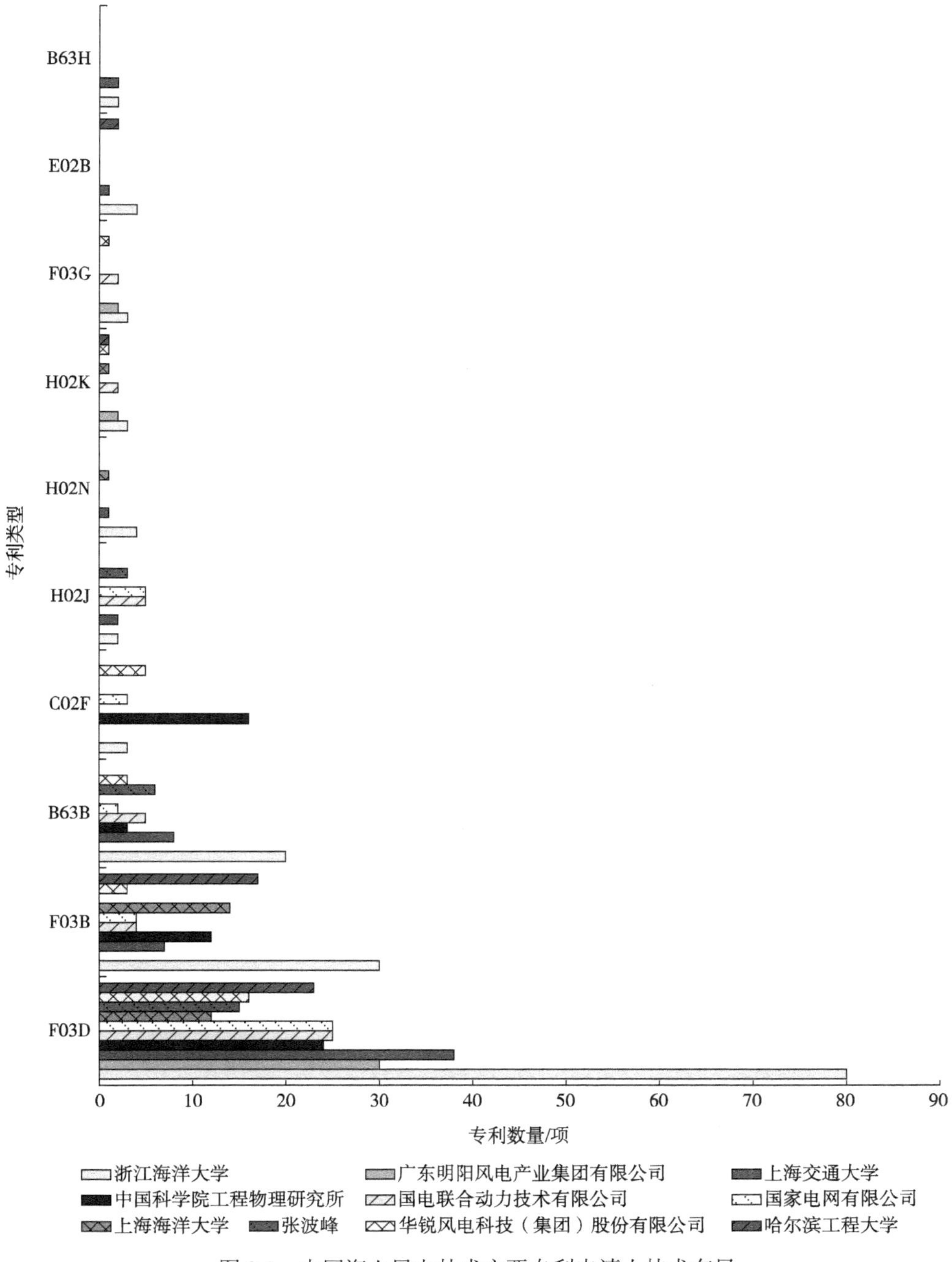

图 2.5　中国海上风电技术主要专利申请人技术布局

研究进一步揭示，相当一部分海上风电技术专利申请人之间存在合作关系，这些占到总专利申请量的9%。通过对筛选出的145项专利社会网络进行分析，对合作关系进行厘清，发现国家电网有限公司的合作申请人最多，其在社会网络中的分量远远高于排名前10位中的中国电力科学研究院、国网福建省电力有限公司、国网山东省电力公司电力科学研究院、国网浙江省电力公司、国网江苏省电力公司徐州供电公司、国网河北省电力公司、熊凌云、熊英、熊倩等机构或个人。在社会网络中分量最重的前10位专利申请人位置关键程度、活动频繁程度（向内）、活动频繁程度（向外）如表2.3所示。其中，“活动频繁程度”表示专利申请人之间合作频率的高低。不难发现表格凸显出以下信息：①电网系统之间的合作频繁；②前10位申请人中，有3位自然人，其余皆为国有电力公司，无民营企业；③国有电力公司主要位居东部地区。

表2.3 中国海上风电技术专利申请人间合作网络分析结果表（前10位）

排序	申请人	位置关键程度	活动频繁程度（向内）	活动频繁程度（向外）
1	国家电网有限公司	0.765 13%	5.702%	5.702%
2	中国电力科学研究院	0.150 71%	1.316%	1.316%
3	国网福建省电力有限公司	0.150 71%	1.316%	1.316%
4	国网山东省电力公司电力科学研究院	0.077 29%	1.316%	1.316%
5	国网浙江省电力公司	0.077 29%	0.877%	0.877%
6	国网江苏省电力公司徐州供电公司	0.077 29%	0.877%	0.877%
7	国网河北省电力公司	0.077 29%	0.877%	0.877%
8	熊凌云	0.030 91%	0.877%	0.877%
9	熊英	0.030 91%	0.877%	0.877%
10	熊倩	0.023 19%	0.439%	0.877%

第三节 结 语

运用专利地图法，对中国海上风电技术领域的专利进行统计分析，主要得出以下结论。

（1）从发展趋势上看，中国海上风电技术的专利在1996～2005年处于缓慢增长阶段，2006～2013年进入快速增长阶段，究其原因在于政府颁布了系列政策。2014年后中国海上风电技术专利申请数量又有所下滑，可能与政府采取的规制、规范政策有一定的关联性。

（2）从专利的地区分布来看，海上风电技术的专利申请存在明显的地区指向性，排名前10位的省市中有9个位居东部地区，西部地区仅四川1省，而尚无中部省区市排名进入前10位，凸显了内陆省区市海上风电关键技术的创新能力弱。四川之所以具有较多的专利申请数量，可能的原因在于四川较强的海上风电科研实力。四川有为数不少的能源企业，如东方电气风电有限公司、四川省能投风电开发有限公司、四川电力建设三公司等，其业务涉及海上风电技术的研发；而作为海上风电技术研发的另一个贡献者——高校，无论是普通高校的数量还是重点高校数量，四川省均稳居前10位；中部地区海上风电技术的创新能力弱可能是与其区位有关。

（3）由专利类型和法律状态看，发明专利和实用新型专利占有绝对比重，表明专利的技术含量较高，结构较为合理。然而有效专利仅占40.15%，说明中国在海上风电技术知识产权保护或者关键技术的产业化能力方面有待于进一步改进。

（4）从技术研究重点看，当前海上风电关键技术的发展侧重于风力发动机、液力发动机、船用设备和水处理技术等，对电机、水利工程和船舶推进装置等方面研究不足。考虑到海上风力发电技术对水利、船舶等技术有一定的要求，以上几种关键技术的创新能力不足在一定程度上削弱了该产业的竞争力。

（5）从专利申请数量特征来看，中国在海上风电的专利申请是以高校或科研院所和相关领域的企业为主；排名前10位的申请人，其申请的专利均有风力发动机（F03D）。

第三章　新能源设备制造业补贴政策的国际比较

日本、美国、巴西等国在新能源设备制造业方面具有成熟的经验，以上述典型国家作为研究对象，结合现有的文献资料系统梳理各国在新能源设备制造业中的直接补贴与间接补贴政策，创新型补贴与非创新型补贴政策等成功经验，通过与我国的相关政策比较研究全面地掌握我国新能源设备制造业补贴政策制定的成效与缺憾。本章介绍了我国风能设备制造业、太阳能设备制造业、生物质能设备制造业补贴政策的缘起和演变，在此基础上构建了补贴政策的 *X-Y* 维分析框架，采用内容分析法重点分析两类新能源设备制造业补贴基本政策工具特征。随后将补贴模式按照两类标准——直接补贴与间接补贴、创新型补贴与非创新型补贴，对巴西、美国、日本等国的新能源设备制造业补贴政策进行比较研究，并对补贴效果进行初步判断。

第一节　我国新能源设备制造业补贴政策的缘起与演变

新能源设备制造包括风能、太阳能、生物质能、核能、潮汐能等设备的生产，其中风能、太阳能、生物质能因其资源的充裕性，更为政府重视。严格来说，针对风能补贴政策的发展阶段，有两种不同的划分方式：一种是 1994～2004 年为第一阶段，年均风电产业政策不足三项；2005 年至今为快速发展阶段（王晓珍等，2016）。另一种是分为四个阶段：第一阶段为 1970～1996 年的自主研发；第二阶段为 1997～2003 年，国外技术授权的模仿创新；第三阶段是 2004～2007 年，表现为以联合研发与合资企业为特征的合作创新；2008 年至今为第四阶段，以风电企业的外向国际化为特征（黄萃等，2014）。虽然两种划分均有合理之处，但遗憾的是未能考虑到国家曾规制风能产业发展这一事实。本书针对风能设备制造业的主要划分方式为：20 世纪 70 年代至 1994 年为起步阶段，1995～2004 年为缓慢发展阶段，2005～2007 年为快速发展阶段，2008 年至今为高质量发展阶段。针对太阳能补贴政策的发展阶段，主要划分方式为：20 世纪 70 年代至 2005 年为起步阶段，2006～2011 年为快速发展阶段，2012 年至今为消费拉动阶段。此外，对生物质能设备制造业主要通过以下方式划分：20 世纪 70 年代至 1995 年为农村生物质能发展阶段，1996～2004 年为多元化市场机制推进阶段，2005 年至今为装备制造与生物质发电并行发展阶段。结合以上分析与补贴政策的颁布特点，本书从上述阶段分别对风能、太阳能及生物质能设备制造业进行分析。

一、风能设备制造业

（一）起步阶段（20 世纪 70 年代至 1994 年）

我国风能设备制造业起步于 20 世纪 70 年代（表 3.1），通过封闭的自主研发来制造风电机组，自主攻关聚焦于农用小型离网风机技术。《中华人民共和国国民经济和社会发展第七个五年计划》规定“积极搞好太阳能、风能、地热等新能源的开发利用”“发展能源、交通、通信、原材料工业的关键技术和装备”。1991 年颁布的《中华人民共和国国民经济和社会发展十年规划和第八个五年计划纲要》提出“增强重大技术装备的成套制造能力”。以上两个政策对风电机组研发起到直接或间接的推动作用。

表 3.1　风能设备制造业各阶段对比

阶段	政策要点
起步阶段（20 世纪 70 年代至 1994 年）	政府提出发展关键技术装备，直接或间接助推了风电机组的研发
缓慢发展阶段（1995～2004 年）	推进内向国际化，补贴模式多元化
快速发展阶段（2005～2007 年）	在研发、制造、发电等全产业链上支持，内向国际化程度加深
高质量发展阶段（2008 年至今）	补贴方式进行了改革，取消国外投资的增值税优惠政策。对风能设备制造业的发展不再追求单一的发展速度

（二）缓慢发展阶段（1995～2004 年）

将 1995 年设定为风能补贴政策第二阶段的起始点不仅是因为该年份以后国

家更多地考虑战略支持风能产业，更是基于国际化的思考。1995 年以后陆续颁布或出台的《新能源和可再生能源发展纲要（1995—2010）》（1995 年）、“乘风计划”（1996 年）、《国务院关于调整进口设备税收政策的通知》（1997 年）等，从优惠政策计划、税收等方面支持技术的国外引进，推进了风能设备制造业的面向国际化。与此同时，补贴模式也进一步地多元化，如提供低息贷款、降低增值税率等。不过，这一阶段涉及风能设备制造业的政策数量不超过 3 项/年，对该产业发展的支撑力度有限，因此仍然属于缓慢发展阶段。

（三）快速发展阶段（2005～2007 年）

2005～2007 年为风能设备制造业的快速发展阶段。以 2005 年《中华人民共和国可再生能源法》的颁布为标志，政府在风能设备制造业产业链的下游实施了政府定价或招标价格的购买政策，拉动了上游设备制造业的发展；另外，对风电机组的购置设定了最低本地化率要求，从设备研发、制造与购买环节有效激励了风能产业。这一阶段还有一特征，即风能设备制造业的国际化不再限于第二阶段的国外技术授权、先进技术设备进口等初级模式，而是加大了合资企业的联合研发力度。

（四）高质量发展阶段（2008 年至今）

在两级政府陆续出台的补贴或优惠政策下，风能设备制造业得到了快速发展，但也面临产能过剩的风险。于是 2008 年，针对风电场安全、风电设备产能过剩、规范市场等问题，国家发展和改革委员会（以下简称国家发改委）、国家能源局、国家海洋局等部门相继出台规制政策，解决无序竞争、粗放发展难题。例如，颁布了《关于完善风力发电上网电价政策的通知》（2009 年）、《海上风电开发建设管理暂行办法》（2010 年）等，旨在淘汰落后产能、减小海上风电开发环境影响等。与加大规制强度相对应的，这一时期，国内外对气候变化与能源安全更为关切。2009 年哥本哈根世界气候变化大会后，我国承诺：到 2020 年，非化石能源在能源消费中达到 15%，单位国内生产总值（gross domestic product，GDP）二氧化碳排放量比 2005 年减少 40%～50%。2014 年，国务院发布《能源发展战略行动计划（2014—2020 年）》，提出“节约、清洁、安全”的战略方针和“节约优先、立足国内、绿色低碳、创新驱动”的重点战略。同年份，国家发展和改革委员会发布《国家应对气候变化规划（2014—2020 年）》，提出优化能源结构、加强能源节约等九项举措，以控制温室气体排放。2015 年初，中共中央、国务院印发《关于进一步深化电力体制改革的若干意见》，要求“强化能源领域科技创新”“提高可再生能源发电和分布式能源系统发电在电力供应中的比例”。由此可见，2008 年以后，新能源设备制造业处于健康、有序、快速的高质量发展阶段，并不单一追求发展的速度。

二、太阳能设备制造业

（一）起步阶段（20 世纪 70 年代至 2005 年）

我国太阳能资源丰富，太阳能资源主要集中在光电、光热利用两方面：其中光热利用是将太阳能转化为热能，包括太阳能热水器、太阳能温室等利用形式；光电利用包括光伏发电等利用形式。太阳能起步阶段要追溯到 20 世纪 70～80 年代，1975 年我国首次召开了国家级太阳能会议——全国第一次太阳能利用工作经验交流大会，之后不久又召开了第二次全国太阳能会议，核心议题是如何推广、应用太阳能。80 年代后，太阳能行业得到稳步发展。同时，国家发改委等有关部门实施了包含大量太阳能工作的农村能源计划项目，太阳能作为一种新能源由国家发改委、国家经济贸易委员会、国家科学技术委员会及水利电力部、农业部的相关部门组织管理。1995 年国家颁布了《新能源和可再生能源发展纲要（1995—2010）》，从战略层面对太阳能设备制造业进行了规划。在起步阶段（图 3.1），国家出台的政策涉及农村太阳能的利用（《中华人民共和国大气污染防治法》《中华人民共和国电力法》《中华人民共和国节约能源法》），以及建筑太阳能利用（《建筑部建筑节能“九五”计划和 2010 年规划》《国家能源节约与资源综合利用“十五”规划》）等，并在 1998 年实施的《中华人民共和国节约能源法》中明确提出支持太阳能开发利用的优惠政策。虽然这些政策对推进太阳能设备制造业在多个领域的终端利用起到一定作用，但从整个行业来看，真正带动行业快速发展的是 2006 年以后光伏设备制造业。

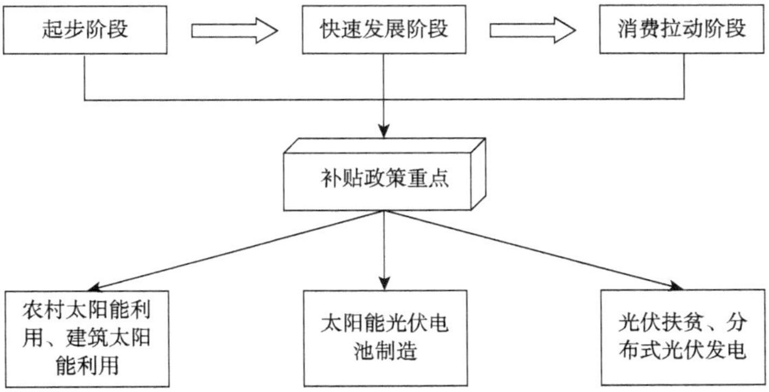

图 3.1 太阳能设备制造业各阶段对比

（二）快速发展阶段（2006～2011 年）

以 2005 年《中华人民共和国可再生能源法》的颁布为标志，我国陆续颁布了一些政策法规，很大程度上带动了光电建筑、光伏发电、太阳能热水器的利用，也缓解了由煤炭价格及建筑能源涨价困境带来的能源短缺问题。例如，2009 年财政部办公厅、住房和城乡建设部办公厅发布了《太阳能光电建筑应用示范项目申报指南》，明确提出“对于建材型、构件型光电建筑一体化项目，补贴标准不超过 20 元/瓦；对于与屋顶、墙面结合安装型光电建筑一体化项目，补贴标准不超过 15 元/瓦；具体标准将根据项目增量成本、建筑结合程度确定。以后年度补助标准将根据产业发展状况予以适当调整”。2009 年以后针对“太阳能屋顶计划”与“金太阳示范工程”等项目的财政补贴政策相继出台，包括《财政部 科技部 国家能源局关于实施金太阳示范工程的通知》和《财政部关于印发〈太阳能光电建筑应用财政补助资金管理暂行办法〉的通知》等。2010 年出台《财政部、科技部、住房城乡建设部、国家能源局关于加强金太阳示范工程和太阳能光电建筑应用示范工程建设管理的通知》，对太阳能相关政策进行调整。具体规定如下：①中央财政对示范项目建设所用关键设备，按中标协议供货价格的一定比例给予补贴；2010 年用户侧光伏发电项目补贴比例暂定为 50%，偏远无电地区的独立光伏发电项目为 70%。车用动力电池（不含铅酸电池）回收用于示范项目储能设施的，参照储能铅酸蓄电池补贴标准给予支持。②示范项目建设的其他费用采取定额补贴。2010 年补贴标准暂定为：用户侧光伏发电项目 4 元/瓦，偏远无电地区独立光伏发电项目 10 元/瓦。《关于做好 2011 年金太阳示范工作的通知》规定“为进一步扩大国内光伏发电应用规模，促进战略性新兴产业发展，中央财政将继续安排资金支持实施金太阳示范工程”，补助标准为“采用晶体硅组件的示范项目补助标准为 9 元/瓦，采用非晶硅薄膜组件的为 8 元/瓦”。

在两级政府的补贴政策支持下，2006～2010 年太阳能光伏电池年均增长接近 100%，其中有四年的产量排名居世界第一位，但也呈现行业利润下滑、产能过剩态势。为解决技术滞后、产能过剩问题，2012 年以后的太阳能设备制造业政策出现一定程度的调整。

（三）消费拉动阶段（2012 年至今）

2012 年以后的太阳能设备制造业政策偏向于从消费终端来解决产能过剩难题，其中相当一部分政策着力于分布式光伏发电或光伏电站的规模化利用。例如，2012 年 9 月 14 日，国家能源局发布《国家能源局关于申报分布式光伏发电规模化应用示范区的通知》“鼓励各省（区、市）利用自有财政资金，在国家补贴政策基础上，以适当方式支持分布式光伏发电示范区建设”。

2012 年 9 月，作为国家发改委的重要金融支持部门，国家开发银行制定关于进一步加强金融信贷扶持光伏产业健康发展，重点确保“六大六小”12 家光伏企业授信额度的政策。2013 年 8 月，国家发改委明确全国范围内分布式太阳能补贴标准为 0.42 元/千瓦时。2014 年光伏扶贫列为中国的十大扶贫工程之一，为有效精准扶贫，国家能源局、国务院扶贫开发领导小组办公室联合印发《关于实施光伏扶贫工程工作方案》，决定利用 6 年时间开展光伏发电产业扶贫工程；2015 年水电水利规划设计总院发布《关于印发光伏扶贫实施方案编制大纲（试行）的函》；2016 年，国家发改委、国务院扶贫开发领导小组办公室、国家能源局、国家开发银行及中国农业发展银行联合下发《关于实施光伏发电扶贫工作的意见》，这些政策涉及信贷、税收优惠等补贴政策，在精准扶贫的同时，也从消费终端拉动太阳能设备制造业。

三、生物质能设备制造业

（一）农村生物质能发展阶段（20 世纪 70 年代至 1995 年）

我国生物质能的发展起始于 1979 年（表 3.2），该年国家经济委员会、国家科学技术委员会、国家农业委员会、农业部联合出台了《当前农村沼气建设中几个问题的报告》；80 年代农牧渔业部和国家经济委员会分别颁布了《关于进一步发展沼气的报告》和《关于加强农村能源建设的意见》。1995 年颁布的《新能源和可再生能源发展纲要（1995—2010）》指出，“因地制宜地开发和推广太阳能、风能、地热能、潮汐能、生物质能等清洁能源”，而对生物质的发展，重点强调了农村能源的供应。显然，这一时期针对生物质能的发展并未涉及设备制造业，且有限的几个政策均着眼于农村生物质能的利用，补贴政策也较为单一。

表 3.2　生物质能设备制造业各阶段对比

阶段	政策要点
农村生物质能发展阶段（20 世纪 70 年代至 1995 年）	补贴政策单一，着眼于农村生物质能的利用
多元化市场机制推进阶段（1996～2004 年）	政策仍然着力于农村生物质能的应用，但激励的市场化方式变得多元化
装备制造与生物质发电并行发展阶段（2005 年至今）	补贴政策重视中上游研发制造与下游的发电，将补贴与规划、直接资金投入等其他多种基本政策工具结合

（二）多元化市场机制推进阶段（1996～2004 年）

1996～2004 年，推进生物质能的政策数量明显增加，制定了《新能源基本建设项目管理的暂行规定》（1997 年）、《国家计委、科技部关于进一步支持可再生能源发展有关问题的通知》（1999 年）、《新能源和可再生能源产业发展“十五”规划》（2001 年）等，综合运用了财政直接补贴、贴息贷款、税收优惠等政策，如《国家计委、科技部关于进一步支持可再生能源发展有关问题的通知》（1999 年）给予生物质发电项目以贷款的贴息政策。应该说，第二阶段政府在更广泛的生物质开发与应用领域给予支持，但依然未能出台针对上游的设备制造的补贴政策。

（三）装备制造与生物质发电并行发展阶段（2005 年至今）

这一阶段以《中华人民共和国可再生能源法》（2005 年）的颁布为起点，生物质能产业得到迅猛发展，并呈现两个特征：一是城市与农村生物质能并行发展。例如，《中华人民共和国可再生能源法》规定“利用生物质资源生产的燃气和热力，符合城市燃气管网、热力管网的入网技术标准的，经营燃气管网、热力管网的企业应当接收其入网”；而 2007 年与 2008 年分别颁布的《农业生物质能产业发展规划（2007—2015 年）》《中华人民共和国循环经济促进法》，均强调了生物质能在农村的应用，其中《中华人民共和国循环经济促进法》明确表明“国家鼓励和支持农业生产者和相关企业采用先进或者适用技术，对农作物秸秆、畜禽粪便、农产品加工业副产品、废农用薄膜等进行综合利用，开发利用沼气等生物质能源”。二是装备制造与生物质发电并行发展。2005 年颁布的《可再生能源产业发展指导目录》陈述了生物质直燃锅炉、生物质燃气内燃机、生物液体燃料生产成套装备的技术发展状况。针对生物质发电，国家发改委发布了《可再生能源发电有关管理规定》《可再生能源发电价格和费用分摊管理试行办法》等，提出了生物质发电、太阳能发电、地热能发电及海洋能发电等价格和费用分摊的原则，其中《可再生能源发电价格和费用分摊管理试行办法》对生物质发电项目明确规定，上网电价实行政府定价的，由国务院价格主管部门分地区制定标杆电价，补贴电价标准为每千瓦时 0.25 元。发电项目自投产之日起，15 年内享受补贴电价；运行满 15 年后，取消补贴电价。自 2010 年开始，每年新批准和核准建设项目的补贴电价比上一年的补贴电价递减 2%。发电消耗热量中常规能源超过 20%的混燃发电项目，视同常规能源发电项目，执行当地燃煤电厂的标杆电价，不享受补贴电价；《可再生能源发展专项资金管理暂行办法》表明可再生能源发展专项资金通过中央财政预算安排，用于支持可再生能源和新能源重点关键技术示范推广和产业示范，可再生能源和新能源开发利用及能力建设，规定发展专项资金的使用方式包括奖励、补助、贴息等方式；《关于发展生物能源和生物化工财税扶持政策的实施意见》明确提出实施弹性亏损补贴、原料基地补助、示范补助和税收优惠，根据该实施意见，财务部发布了《生物能源和生物化工非粮引导奖励资金管理暂行办法》，将奖励和补助资金的标准和申请方式进行详细阐述，补助的金额由财政部按具体标准及经核实的原料基地实施方案予以核定。

第二节　我国新能源设备制造业补贴政策的多维度分析

本节采用内容分析法，构建了 *X-Y* 维政策分析框架，即以标准化的格式收集和组织太阳能与风能设备制造业的政策文本，对基本政策工具特征进行描述和频数统计。

一、补贴政策文本的类量化分析方法

内容分析法由美国国家总评估办公室于 1983 年首次提出。该方法的工作程序为：决定是否采用该法—确定哪些文本应被纳入内容分析—选取分析对象—列出编码目录—对文本进行编码—分析和解释结果。内容分析法的优点在于可从历史数据源中提取和获悉新观点，支持大量文本分析。将该方法应用于政策文本分析，与定性分析方法相比，在政策实践方面更有预见性与指导性。

二、补贴政策的 *X-Y* 维分析框架

补贴政策根据不同属性有不同分类，如按照基本政策工具可以分为财政直接补贴政策、税收优惠政策、融资信贷政策、现金奖励政策、价格政策。其中，财政直接补贴政策是指国家通过直接拨款等方式支持企业的发展，为企业发展提供

资金保障；税收优惠政策是指国家利用税收制度，通过税收减免等方式来减轻企业的纳税义务，从而支持企业的发展；融资信贷政策是指企业为满足自身生产经营的需要，同金融机构或者信誉比较好的融资公司签订协议，借入一定数额的资金，并按照约定的日期偿还的政策；价格政策指实施价格补贴，如产业链终端电价补贴、回收再制造补贴等。

按照补贴的接受对象不同，补贴政策可以分为：就业补贴政策、项目补贴政策、科技人员补贴政策等。其中就业补贴政策是针对企业普通员工的福利政策，用以保障新能源企业员工的基本需求，激发员工的积极性；项目补贴政策是国家为了支持新能源的发展对于企业新能源项目给予一定补助，用以支持其成功推进的政策；科技人员补贴政策主要是针对研发人员的福利政策，旨在激发研发人员的积极性，解决他们的后顾之忧。

按照是否具有创新能力，补贴政策可以分为创新型补贴政策、非创新型补贴政策，其中创新型补贴政策主要指这种补贴政策是为了研发新项目、对老项目改造、进行项目或技术示范等。

按照补贴是否侧重于产业链下游，补贴政策可以分为产业链上游的研发、原料采购等补贴政策，产业链中游的生产性补贴政策，以及产业链下游的产成品消费性补贴政策。

（一）*X* 维度：基本政策工具

X 维度的基本政策工具位居政策体系的基本层面，为政策工具的基本元素，只有将单元工具通过相互组合才能使其发挥效用。

当前，学术界对于基本政策工具的分类尚未达成共识。西方学术界较为推崇的是著名政策分析家 Vander Doelen 的分类，即将基本政策工具分为法律工具、经济工具和交流工具三类。国内学者具有代表性的学者主要有张成福、陈振明与陶学荣等。张成福和党秀云（2001）依据政府介入程度将基本政策工具分为政府部门直接提供财货与服务、签约外包、补助或补贴、抵用券、经营特许权、志愿服务与市场运作等；不同于张成福的观点，陈振明（2004）将基本政策工具分为市场化工具、工商管理技术与社会化手段三类；另一学者陶学荣（2006）则认为基本政策工具包括经济性、行政性、管理性、政治性和社会性五类工具。尽管以上学者对于基本政策工具做出了有益的尝试，但是总体来说，当前的基本政策工具分类或略显宽泛，或相互之间存在重叠。在新能源设备的制造过程中，财政补贴、金融支持等政策支持极为关键，因而本节将借鉴 Rothwell 和 Zegveld 的思想，将基本政策工具分为直接补贴与间接补贴两类。两者的区别是前者着力于以政府强大的财政补贴直接投入促使新能源设备制造业加速发展，而后者则侧重于通过税收优惠、信贷优惠和价格政策等市场化方针推动新能源设备制造业的逐步成长。

（二）*Y*维度：企业价值链

企业的价值创造是通过一系列活动进行的，企业整个价值链的综合竞争力决定了企业的竞争力。基于这一点，政府针对价值链过程中的每一个环节制定的相应政策可能会产生不同的效用，进而影响企业的竞争力。新能源设备制造业的价值链包括新能源发电技术的研发、新能源发电设备的制造与生产、新能源发电并接入国家电网、电力消费四个阶段，其中新能源发电技术直接决定了自然界的可再生资源——风和光照能否转化为人们日常生活与生产所需要的电并实现产业化生产，真正应用到实际生活当中；在设备制造与发电阶段，设备的成本及正式运营生产发电后的收益是决定新能源产业能否长久发展，形成一定规模并成长为具有相当竞争力的行业。因而，考虑价值链不同阶段的规律与特点是制定新能源设备制造业补贴政策的重要前提，从价值链的维度来分析新能源设备制造业补贴政策也尤为必要。

三、我国新能源设备制造业的补贴政策的选择

利用内容分析法进行政策分析的基础是政策文本的选择及政策维度的构建，其中政策文本的选择均来自公开的数据资料。本章中涉及风能设备制造业的政策文本均来自国家粮食和物资储备局、自然资源部与中国可再生能源网。为保证政策选择的准确性和代表性，按照以下原则对政策文本进行筛选：①发文单位是国务院直属机构；②政策类型为规划、意见、办法等体现政府政策的文件，不计入行业标准等文件；③考虑到部分政策虽然仅涉及风能和风能发电，并没有明确地将两者结合起来，但是其政策对于风能的开发利用具有一定的指导意义，因此，将涉及新能源设备制造或者新能源发电的间接政策文本也纳入分析的范畴；④从时间节点来看，考虑政策文本的搜集难度，本书对两类新能源设备制造业的最终风能、太阳能设备制造业补贴政策的有效文本进行统计，分别为 34 条、44 条。

（一）风能设备制造业补贴的政策分析

首先对基本政策工具内容分析单元进行编码，以 2005～2007 年为时间节点，共搜集相关政策 34 条，如表 3.3 所示。从政策数量的演变来看，2005 年政策数量

为 2 条，其后 2006～2009 年均为 1～2 条，表明虽然该阶段风能设备制造业得到快速发展，但政策所涉及的方面较窄。自 2010 年开始至今，我国风能及相关产业政策数量有了相当明显的增长，且涉及领域较多。2012 年起，我国风能设备制造业内部“弃风”等产能过剩问题更为严峻，由此从政策的支持、规制领域来看，风能设备制造业发展更趋于理性。

表 3.3　风能设备制造业补贴的政策文本

编号	年份	政策名称
1	2005	《国家发展改革委关于风电建设管理有关要求的通知》
2	2005	《中华人民共和国可再生能源法》
3	2007	《电网企业全额收购可再生能源电量监管办法》
⋮	⋮	⋮
34	2017	《海上风电场设施检验指南》

从发布政策的部门来看，绝大多数政策都是由多部门联合发布的，单一部门的发布的数量较少，以国家能源局发布的为主。可以看出风能设备制造业虽然作为一个新兴行业，但是其研发，设备制造和生产，发电及最终的消费涉及能源、环境、财政等多个部门，需要这些部门通力紧密合作。

（1）基本政策工具分析。风能设备制造业的基本政策工具的维度分析如表 3.4 所示。总体而言，风能设备制造业的直接补贴政策所占比重为 20.59%，间接补贴政策中税收优惠和现金奖励均为 20.59%，而价格政策所占比重居首位，达到了 35.29%，占比最少的信贷优惠政策仅有 2.94%。

表 3.4　风能设备制造业补贴的基本政策工具分配比例

工具类型	工具名称	条文编号	小计	占比
直接补贴	财政补贴	9、13-6、14-3-3、14-3-4、16、17、20	7	20.59%
间接补贴	税收优惠	5、6-4-5、7、13-6、18、19-2-7、19-4-34	7	20.59%
	现金奖励	12-3、13-6、14-3-1、20、23、26-10、30-2-7-2	7	20.59%
	价格政策	2-3、4、8、11、13-5、14、16、24、26、29-2、32、35	12	35.29%
	信贷优惠	26-10	1	2.94%
合计			34	100%

注：条文编号根据内容分析法规则编制，下同

根据数据及政策内容可知，对于风能设备制造业，政府更多的是给予企业价格上的政策倾斜，以定价和配额的形式，如 2009 年发布的《国家发展改革委关于完善风力发电上网电价政策的通知》、2012 年公布的《可再生能源电力配额管理

办法》，旨在建立一个良好的市场竞争外部环境，保证了大企业的盈利空间，同时也给予小企业一定的生存空间，促使风能设备制造业更快更好地发展。

在保证风能设备制造业市场秩序及企业收入空间的情况下，国家又从成本方面为企业减负，提高企业的生存能力及生产积极性。在这方面直接补贴、税收优惠、信贷优惠等政策效果更为明显，这些政策的目标多是降低企业设备制造成本或发电成本。例如，2008 年发布的《财政部 国家税务总局关于资源综合利用及其他产品增值税政策的通知》中第四项中“销售下列自产货物实现的增值税实行即征即退 50%的政策”，第五条为“利用风力生产的电力”。在进口关税方面，对国内企业为开发、制造 12 兆瓦以上的大功率风力发电机组而进口部分关键零部件、原材料所缴纳的进口关税和进口环节增值税实行先征后退政策。对进口单机功率大于 1.5 兆瓦的风电机组配套的关键零部件和原材料，免征收关税和进出口环节增值税。2011 年公布的《风力发电设备产业化专项资金管理暂行办法》中第二章支持对象和方式的第四条为“产业化资金支持对象为中国境内从事风力发电设备（包括整机和叶片、齿轮箱、发电机、变流器及轴承等零部件）生产制造的中资及中资控股企业”，以及第四章补助标准和资金使用范围的第七条为“对满足支持条件企业的首 50 台风电机组，按 600 元/千瓦的标准予以补助，其中整机制造企业和关键零部件制造企业各占 50%，各关键零部件制造企业补助金额原则上按照成本比例确定，重点向变流器和轴承企业倾斜”。政府甚至将风电行业所需技术与设备专门罗列目录，以便减税，其代表的实例是 2014 制定的《鼓励进口技术和产品目录（2014 年版）》等。

综合以上几种政策类型不难看出，政府主要从“开源”——增加收益利润和“节流”——减少企业成本这两方面实施政策倾斜，扶持风能设备制造业从零开始逐渐成长，直至具备一定的自主开发能力和对外竞争力。“开源”主要是间接补贴中的价格政策，而“节流”则是通过直接补贴及间接补贴中的税收、信贷优惠等实现。

（2）企业价值链维度分析。进一步地由企业价值链维度分析基本政策工具的分布统计，如表 3.5 所示。总体来看，制造环节的政策补贴占据首位，其次是发电环节和消费环节，而研发环节和全过程环节的政策数量相当少，其中涉及研发环节的政策仅两条，反映出我国在风能核心技术研发方面的投入和重视程度尚有不足。制造环节的间接补贴政策显著多于直接补贴政策，其中间接补贴政策中税收优惠与现金奖励的政策分居前两位；发电与消费两个环节的间接补贴政策中，均是价格政策数量较多，其次是现金奖励政策。基于直接补贴与间接补贴政策的分析可知：①风能设备制造业的生产成本很大一部分来自初始投入的大量固定成本——设备、土地等固定与无形资产，由此国家在降低设备成本方面，着力于税收优惠政策；而下游的发电环节和消费环节则与市场的关联较大，政府多使用价格补贴政策。②价值链的各个环节均有现金奖励政策，表明政府这一类型的间接补贴政策在价值链环节的应用具有一定的广泛性。

表 3.5　基于企业价值链维度的风能设备制造业补贴的基本政策工具各环节频数分布统计表

补贴类型		研发	制造	发电	消费	全过程
直接补贴：财政补贴		14-3-3	14-3-4、16	16、17	20	9、13-6
间接补贴	税收优惠		5、7、18、19-2-7、19-4-34	5	6-4-5	13-6
	现金奖励	14-3-1	12-3、26-10	14-3-1、23	20、30-2-7-2	13-6
	价格政策		16	8、11、16、26、29-2、35	2-3、4、8、14、24、32	13-5
	信贷优惠		26-10			
创新型补贴		25-C3、31-1、33-5-2	18、33-5-2	15		21-5-2、34
非创新型补贴		19-1-4	1-4、3-2、19-2、19-3、22-5-2、31-2	19-1-4	2-3	9、10、28

除了直接补贴与间接补贴，政府的补贴政策还可分为创新型补贴与非创新型补贴，其中创新型补贴目标在于推进技术供给和技术扩散。如表 3.5 所示，创新型补贴政策中，研发环节数量居首，其次是制造环节和全过程环节。

总的来说，风能价值链的各环节，研发未能得到政府的重视；从补贴模式来看，现金奖励政策均有涉及，信贷政策数量明显偏少。

（二）太阳能设备制造业补贴的政策分析

与风能设备制造业的分析类似，对于太阳能设备制造业补贴的政策分析并不仅限于制造环节，从研发—制造—发电—消费价值链过程考虑基本政策工具更有助于把握政策的缺失或过溢。首先采用内容分析法对 44 个政策文本进行编码（表 3.6）。总体而言，中央对于太阳能产业政策发布的数量要高于风能，而 2012 年以后的太阳能政策，相当一部分针对产业链下游的光伏发电，意味着政府为破解产能过剩难题，很注重电力消费端的拉动。

表 3.6　太阳能设备制造业补贴的政策文本

编号	年份	政策名称
1	2005	《中华人民共和国可再生能源法》
2	2006	《国家中长期科学和技术发展规划纲要（2006—2020 年）》
3	2006	《能源局关于贯彻落实国家中长期科学和技术发展规划纲要的初步意见》
4	2008	《可再生能源发展“十一五”规划》
⋮	⋮	⋮
44	2017	《国家发展改革委关于 2018 年光伏发电项目价格政策的通知》

（1）基本政策工具分析。基本政策工具的维度分析如表 3.7 所示。尽管间接型基本政策工具数量总体多于直接型基本政策工具，前者为 54 条，占比为 63.53%；后者数量为 31 条，占比为 36.47%，但如果将间接性基本政策工具分项，不难发现单个类型的间接补贴基本政策工具数量要低于涉及财政直接拨款的政策数量，说明目前我国政府间接补贴政策仍有改进的空间。针对财政直接拨款，2011 年发布的《新兴能源产业发展规划》直接规定了对太阳能等新能源产业投放大量的政府资金以支持其发展。国家出台的文件《金太阳示范工程财政补助资金管理暂行办法》（2014 年），提出“并网光伏发电项目原则上按光伏发电系统及其配套输配电工程总投资的 50%给予补助，偏远无电地区的独立光伏发电系统按总投资的 70%给予补助”。

表 3.7　太阳能设备制造业补贴的基本政策工具分配比例

工具类型	工具名称	条文编号	小计	占比
直接型	财政补贴	1、11-1、14-2、15-1、25-3、29-7、31-5、37-5、37-6、39-7、41-4、4-4、8-4-2、10-2、13-2、28-5、39-8、41-5、5-4、16-3、17-1、18-3、27-4、32-6、34-5、34-6、35-4、7-4-19、8-2-2、12-4、29-8	31	36.47%
间接型	税收优惠	3-4-2、10-3、10-4、16-2、17-2、24-2、24-3、36-7、6-61	9	10.59%
	现金奖励	11-3、25-4、11-4、14-4、17-4、36-8、10-4、16-4、42-5	9	10. 59%
	价格政策	11-2、31-7、13-4、17-3、18-4、19-2、19-3、20-2、26-4、26-5、30-3、1-3、3-2-4-3、10-5、20-3、21-4、33-4、33-5、40-3、43-6、43-7、44-6、12-3、13-5、14-5、25-6、38-5、38-6	28	32.94%
	信贷优惠	11-5、22-3、12-5、23-2、28-6、17-6、23-4、23-1	8	9.41%
合计			85	100.00%

间接补贴的政策中，涉及税收优惠的政策占比为 10.59%，现金奖励政策占比也为 10.59%。而价格政策占比高达 32.94%，表明间接补贴中，政府期望通过价格机制降低企业生产成本，拉动设备制造或太阳能发电产品。例如，2009 年国家出台了《太阳能光电建筑应用财政补助资金管理暂行办法》规定城市光电建筑一体化应用，农村及偏远地区建筑光电利用等给予定额补助。2009 年补助标准原则上定为 20 元/瓦，以后年度补助标准将根据产业发展状况予以适当调整。《关于组织申报 2010 年太阳能光电建筑应用示范项目的通知》调整降低了建材型、构件型光电建筑一体化项目和与屋顶、墙面结合安装型光电建筑一体化项目补贴标准，分别为 17 元/瓦和 13 元/瓦。2012 年发布的《关于可再生能源电价补贴和配额交易方案 2010 年 10 月—2011 年 4 月的通知》及 2013 年发布的《财政部关于分布

式光伏发电实行按照电量补贴政策等有关问题的通知》和《国家发展改革委关于发挥价格杠杆作用促进光伏产业健康发展的通知》等政策都提出通过政府购买和配额制的方式促进太阳能和光伏产业的快速发展。再如,《国家发展改革委关于发挥价格杠杆作用促进光伏产业健康发展的通知》第二条规定“对分布式光伏发电实行按照全电量补贴的政策，电价补贴标准为每千瓦时 0.42 元（含税，下同），通过可再生能源发展基金予以支付，由电网企业转付；其中，分布式光伏发电系统自用有余上网的电量，由电网企业按照当地燃煤机组标杆上网电价收购”。

间接型基本政策工具中涉及税收优惠的政策虽然只有九条，但是却提高了企业的盈利空间，极大地激励了太阳能设备制造业。以 2013 年颁布的《关于光伏发电增值税政策的通知》为例，该通知规定“自 2013 年 10 月 1 日至 2015 年 12 月 31 日,对纳税人销售自产的利用太阳能生产的电力产品,实行增值税即征即退 50% 的政策”。此外,《关于国家电网公司购买分布式光伏发电项目电力产品发票开具等有关问题的公告》指出国家电网公司所属企业从分布式光伏发电项目发电户处购买电力产品，可由国家电网公司所属企业按照增值税简易计税办法计算并代征增值税税款，同时开具普通发票。在关税方面,《国务院关于调整进口设备税收政策的通知》规定，对外资企业中外商投资项目在投资总额内进口的自用光伏发电成套设备或关键设备，免征关税和进口环节增值税；对符合《当前国家重点鼓励发展的产业产品和技术目录》的国内投资项目，在投资总额内进口的自用设备，除《国内投资项目不予免税的进口商品目录》所列商品外，免征关税和进口环节增值税。在企业所得税方面,《财政部 国家税务总局 国家发展改革委关于公布环境保护节能节水项目企业所得税优惠目录（试行）的通知》提出，企业从事符合条件的利用既有建筑太阳能光热、光电建筑一体化技术项目达到国家有关节能和环境标准的，可享受企业所得税优惠。

与风能设备制造业类似，太阳能设备制造业现金奖励与税收优惠基本政策工具数量相同，占比为 10.59%，表明两类设备制造业均比较重视现金奖励。虽然信贷优惠政策占比仍然最低，但是相对风能设备制造业，政府已经注意到金融市场的作用。

（2）企业价值链维度分析。进一步地由价值链维度分析基本政策工具的分布统计，如表 3.8 所示。显然，涉及太阳能与光伏的发电环节的基本政策工具所占比例位居首位，为 32.56%，其次是研发环节基本政策工具（22.09%），最少为制造环节基本政策工具，为 15.12%，消费环节的基本政策工具占到了 16.28%。另有政策 7-4、8-2、12-4、29-8、6-61 及 21-3 等均为目标规划基本政策工具，并未具体针对价值链的特定环节，这一类基本政策工具占比较少。

针对直接补贴，各环节基本政策工具数量的排序为研发环节 11 条、发电环节 9 条、制造环节 7 条、消费环节 0 条。间接补贴中研发环节的税收优惠政策为 3

条，现金奖励政策最少；制造环节的基本政策工具数量排序由多到少依次是信贷优惠、现金奖励、税收优惠、价格政策；发电环节价格政策 9 条，信贷优惠政策仅 2 条；消费环节同样的是价格政策数量远远超过其他 3 种基本政策工具，而信贷与税收优惠政策最少。由此可见，企业价值链维度的间接补贴政策中，信贷优惠政策除了在制造环节得到关注，其他环节应用偏少；发电和消费环节价格政策在降低成本、提高盈利空间和拉动产业链下游的过程中较之于其他间接补贴政策得到应用的程度更广。上述 4 个阶段中，研发与制造环节的基本政策工具数量总体上偏少，意味着亟待颁布针对上游技术创新能力提升的间接补贴政策。

表 3.8　基于企业价值链维度的太阳能设备制造业补贴的基本政策工具各环节频数分布统计表

补贴类型		研发	制造	发电	消费	全过程
直接补贴：财政补贴		4-4-1、11-1、14-2、15-1、25-3、29-7、31-5、37-5、37-6、39-7、41-4	4-3-4、8-4-2、10-2、13-2、28-5、39-8、41-5	5-4-6、16-3 17-1、18-3、27-4、32-6、34-5、34-6、35-4		4、2、12-4、29-8
间接补贴	税收优惠	3-4-2、10-3、10-4	16-2	17-2、24-2、24-3、36-7		6-61
	现金奖励		11-3、25-4	11-4、14-4、17-4、36-8	10-4、16-4、42-5	
	价格政策	11-2、31-7		13-4、17-3、18-4、19-2、19-3、20-2、26-4、26-5、30-3	1-3、3-2-4-3、10-5、20-3、21-4、33-4、33-5、40-3、43-6、43-7、44-6	12-3、13-5、14-5、25-6、38-5、38-6
	信贷优惠	11-5、22-3	12-5、23-2、28-6	17-6、23-4		23-1
创新型补贴		4-1、10-3、10-4、11-1、11-5、14-2、15-1、25-3、29-7、31-5、31-7、37-6、41-4	11-3、13-2、16-2、39-8、41-5	5-4-6、17-1、17-3、18-3、24-2、24-3、27-4、32-6、35-4、36-7		2-3-2-(4)、6-59、29-8
非创新型补贴		4-2、11-2、22-3、37-5、39-7	4-3-4、8-4-2、10-2、12-5、22-2、25-4、28-5、28-63	11-4、13-4、14-4、16-3、17-2、17-4、17-6、18-4、19-2、19-3、20-2、23-4、26-4、26-5、30-3、34-5、34-6、36-8	1-3、3-2-4-3、10-4、10-5、16-4、20-3、21-4、33-4、33-5、40-3、42-5、43-6、43-7、44-6、43-6、43-7	4-19、2-2、12-3、12-4、13-5、14-5、23-1、25-6、38-5、38-6

从创新型补贴与非创新型两种补贴模式来看，后者基本政策工具数量（57 条）显著高于前者（31 条），凸显政府需加大太阳能技术供给与技术扩散。结合企业价值链发现，创新型补贴基本政策工具数量在研发、发电、制造、消费 4 个环节依次减少，其中制造环节基本政策工具的不足反映了太阳能设备制造业在技术创新能力上有待进一步提升；非创新型补贴基本政策工具则有相当一部分集中于发

电和消费两个环节，这一点与创新型补贴政策显著不同。

综合风能设备制造业与太阳能设备制造业政策文本分析，得到几点结论：①由基本政策工具分析，风能设备制造业的直接补贴政策总量和现金补贴政策一样，但是少于或等于其他类型的间接补贴政策。太阳能设备制造业则差别明显，较之于单个类型的间接补贴基本政策工具，其财政直接拨款的政策数量优势明显。②税收优惠是降低风能设备制造业成本的主要基本政策工具，价格政策多用于发电和消费环节，这一点与太阳能设备制造业不同。③在风能价值链的各个环节中，研发未能得到政府的重视；虽然现金奖励政策也较少，但各环节均有涉及，表明该政策类型在风能设备制造业中应用广泛。太阳能设备制造业中研发与制造阶段的直接补贴政策显著多于间接补贴政策。④由创新型补贴与非创新型补贴政策分析，两类设备制造业均是后者数量高于前者。

第三节　典型国家新能源设备制造业补贴政策的比较

一、典型国家新能源设备制造业补贴政策的总体特征

本书将选择美国、巴西、英国、丹麦、印度、日本、德国七个国家作为研究比较的对象，这是因为：一方面，以上七国是世界能源生产与消费的大国，在全球经济体中占据举足轻重的地位；另一方面，从能源的生产消费结构来看，中国、印度均为富煤、贫油和少气，但部分新能源如风能和太阳能资源丰富的国家，能源生产消费结构类似。巴西虽然与中国、印度同属于金砖五国，不过人均收入却高于中国和印度。巴西的新能源发展，是其人均收入大幅提高的重要原因之一，尤其是巴西制定了系列的生物质能政策，这对于同样生物质资源禀赋较强的中国有着较强的启示意义。美国并不缺乏石油、天然气等一次性能源，然而该国对于新能源政策的制定极为关切，且能源政策的制定已成为世界能源发展的风向标，且成效明显。日本、丹麦、英国同是一次性能源较为匮乏的国家，但均重视太阳能等新能源的补贴政策制定，能源安全与环境污染问题得到有效缓解，值得中国借鉴。

从风能设备制造业方面来看，德国风电发展比较迅速，一方面，德国政府支持风电机制造商进行高新技术的研究与开发，用以降低风电投资成本；另一方面，在风电投资者正常投资收益得到确保的前提下，利用市场机制调动其开发风电的积极性。2016 年，德国风能累计装机容量为 50 019 兆瓦，位居欧盟第一位；风电新增装机量占欧盟全部风电装机量比重高达 44%（2017 年《BP 世界能源统计年鉴》）。英国极为重视可再生能源的发展，2016 年英国的可再生能源消费量为 0.175 亿吨油当量，在欧洲国家中仅次于德国。在可再生能源产品中，英国的海上风能资源较为丰裕。经过近些年的长足发展，英国已是世界海上风电发展的前沿国家，其装机容量超过全球海上风电装机总量的 50%，并在海上风电的制造、运输、安装等方面具有成熟的经验。英国海上风电业的快速发展，重要原因之一是英国补贴政策的大力扶持。丹麦是风电发展较早的国家之一，也是风电强国。在其制订的新能源规划中，计划到 2030 年风能开发利用占能源结构比重达 30%，现阶段其风机生产约占全球 40%的市场份额。印度三面环海，风电产业的潜在资源约为 45 000 兆瓦。虽然印度早在 20 世纪 80 年代初就启动了风电项目，但 90 年代后，伴随印度的税费减免、信贷优惠政策的出台，风电产业才真正得到快速发展。2015 年印度风电产业总装机容量位居世界第四位，超越了西班牙，但低于中美 2 个风电大国。

从生物质能方面来说，巴西使用生物质能取代传统能源，一直走在世界的前列。巴西生物质能在能源消费结构中的比重超过 40%，远远高于世界的平均水平（约 13%）。2016 年巴西的生物燃料产量高达 0.185 52 亿吨油当量，虽然比 2015 年的 0.193 32 亿吨油当量略有下降，但仍然位居世界第二位。英国政府在促进风能产业发展的同时也积极地推动生物质能的发展，虽然总体产量不高，但是增幅明显，2005～2015 年生物燃料产量年增长率达到了 22.4%。德国对生物质能的开发利用一直特别重视，在其政策支持下，生物燃料产量在 2008～2016 年期间一直稳居欧洲国家第一位，2016 年达到 0.031 98 亿吨油当量。美国在利用生物质能方面处于世界领先地位。美国从 20 世纪 70 年代开始就已经采用生物燃料直接燃烧发电，2006 年以后生物燃料的产量呈现快速增长态势：2006 年产量为 0.106 70 亿吨油当量，2007 年增长到 0.147 09 亿吨油当量，2016 年则增长至 0.357 79 亿吨油当量；2006～2016 年仅 2012 年略有下降。美国生物质能产业的快速发展离不开近年来该国相继出台的一系列政策法规。虽然在世界能源与消费生产主要国家中，丹麦以风电著称，但是该国自 20 世纪 80 年代起就开始注重生物质能的发展，大力推进农作物秸秆–地区供热锅炉（或家庭小型供热装置）、沼气–地区供热锅炉（或地区热电联厂）的生物质能转化利用。经过不懈努力，丹麦的分布式能源技术有了很大程度的提升。丹麦的集中供热技术中，沼气、秸秆等可再生能源所占比重约为 45%，超过煤炭、天然气等一次性能源。

从太阳能方面来看，德国是全球最重要的光伏市场之一，自1997年起始，德国实施了“十万太阳能屋顶计划”，鼓励家庭安装自用型太阳能光伏发电系统，高价收购居民的太阳能电力并汇入总电网；或是对居民进行贷款贴息，鼓励居民购买太阳能发电设备。2000年制定《可再生能源法》之后，太阳能光伏与风能成为德国最具潜力、最经济的可再生能源发电技术。在德国政府的支持下，太阳能得到较快的发展。依据德国弗劳恩霍夫太阳能系统研究所的统计数据，德国太阳能发电占电力总负荷需求的50%。美国是可再生能源生产与消费大国，为推进太阳能的发展，自20世纪90年代起，制订“百万太阳能屋顶计划”并发布13123号行政命令等，推进太阳能的发展。经过20多年的发展，2016年美国光伏装机历史上首次超越其他电源新增装机，占全年新增装机的39%；在美国的新能源发电中，太阳能发电所占比重最高。日本曾出台“阳光计划”等多项政策，并广设太阳能面板以支持太阳能的发展。2014年日本太阳能的装置量已经位居全球第二位，不过从2014年以后，日本试图改变太阳能发电比重过大的局面，加大引入地热与风能等可再生能源发电。印度具有良好的太阳能资源禀赋，年度日照时间有250～300天。印度的太阳能发展典型特征是规划先行：2008年出台了“国家太阳能计划”，设立2020年、2030年与2050年太阳能发电能力分别达到20 000兆瓦、100 000兆瓦与200 000兆瓦的计划；与此同时，印度还规划了2022年之前的太阳能热容器装备和太阳能光伏设备要达到的装机容量，依据莫迪政府制订的2014年能源计划，2022年印度太阳能发电装机容量要达到100 000兆瓦，占到可再生能源发电总量的57.14%。印度政府极为关切农村的太阳能灯项目，由此大力发展太阳能电存储装备。不过2016年印度的太阳能装机容量仅为5800兆瓦，距离远景规划尚有很大的提升空间。

（一）巴西

巴西的生物质能生产与利用值得其他世界主要能源生产与消费国借鉴。巴西的政策包括两大类：一类是强制普及措施。巴西制定了相关的法律用于推广燃料乙醇的使用，要求在人口超过1500人的城镇的加油站都必须安装乙醇加油泵，并规定生物柴油和常规柴油在柴油中占有一定比例。另一类是补贴政策（图3.2）。在产业链的中上游，巴西注重融资与信贷优惠政策。巴西国家经济社会发展银行设立专项信贷，为生物柴油企业提供90%生物融资信贷。联邦政府也设立了1亿雷亚尔的信贷资金，提供给生物柴油原料种植户。在产业链的下游，为了拉动生物燃料及其相关产品的消费，巴西多采用差异化税率或者减税政策。例如，在乙醇汽油的消费方面，巴西的州税税率（12%）显著低于普通汽油（25%）；针对乙醇燃料汽车，巴西减免了工业产品税和增值税，规定购买灵活燃料汽车可以减税。

不仅是生物质能，巴西政府针对光伏与太阳能也提供了财政资助和税收优惠政策。

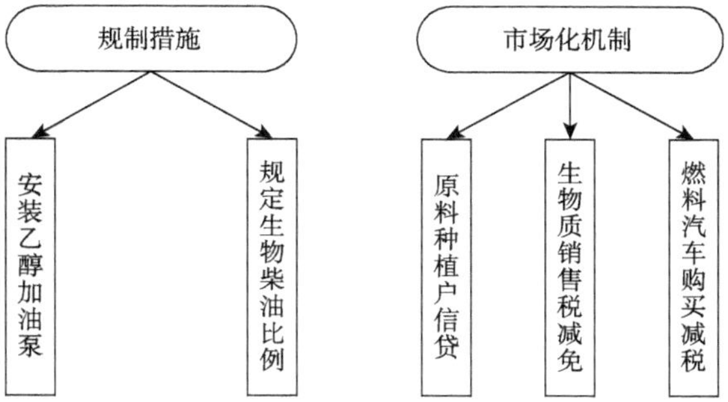

图 3.2 巴西的新能源补贴政策特征

（二）美国

从不同类别的新能源角度剖析美国的补贴政策。美国对于风能的补贴政策贯穿了整个产业链。联邦政府对小型机组免征 30%的装机税；为可再生能源设备提供低成本融资，贷款可以直接通过州某个机构办理；减免财产税和销售税用以缩短电机组的投资偿还期。下游的补贴，美国通过向用户、发电商购买多余电力，或者补偿多余电量来实现，提供补贴的是电力部门。

对于生物质能的发展，美国出台了系列相关法律政策并多元化补贴模式。通过《生物质研究法》设立了生物质研究开发计划和生物质研究开发部等重要部门，用于支持生物质能的发展；《美国农业法令》则是鼓励联邦政府通过采购、直接投入资金和对可再生能源项目给予贷款等方式支持生物质能企业的发展。美国采取了一系列的财税政策，包括：①增加研发支出，将项目经费留置于私人管理公司进行管理，吸收社会资金；②提供产出补贴，为可再生能源发电企业每年进行电能补助，每生产 1 千瓦补助 1.5 美分；③政府采购措施，制定法律规定联邦政府必须购买国产的高能效产品和“绿色”产品；④直接减税政策，提供针对生物质能发电的大幅度减税政策，鼓励能源行业采取节能措施；⑤抵免企业所得税，包括技术开发抵税和生产抵税。

在太阳能方面，美国通过税收抵免、生产补贴、信贷担保等多种方式，降低太阳能产品及相关服务的成本和价格，培育并扩大太阳能的市场需求。相关补贴政策体现在以下几个方面：①光伏发电投资税抵免政策。对商用和居民用光伏系统，提出享受 30%的税收抵免。②纳税人收入税收减免政策。部分州在纳税人申报收入时，在总收入的基础上扣除一定的数额，以弥补纳税人因使用可再生能源而带来的额外支出；或者给予纳税人一定比例个人所得税的抵缴或一定金额的津贴，用以补偿安装可再生能源设备的花费。③价格补贴政策。对于安装燃料电池与太阳能发电设备的商业建筑物，将给予30%的购买价格补贴；对于符合节能标准的新建建筑物，按占地面积给予补助。④信贷担保政策。信贷担保政策被银行用于支持太阳能产业项目。

通过美国对三类新能源补贴政策的比较可知，税收优惠是联邦政府应用得最为广泛的政策，减税或者免税的对象涉及发电商、新能源设备制造商等；购买补贴与信贷政策居其次。较之于巴西，美国的补贴模式、补贴对象相对多元化。

（三）德国

德国对于新能源产业的补贴支持政策大体包括3种：①税收减免政策。例如，对于生物柴油生产的企业，全额免除税收；给予企业商用光伏系统增值税17%的减免；从事光伏系统生产或设备制造的企业，按照投资额的一定比率给予税收抵免。②信贷优惠政策。德国开发银行是信贷优惠政策的主要实施者之一。该银行曾制订“太阳能发电”计划，对于私人投资者给予一定额度的信贷额度；在另一个“ERP 系统环境和节能项目”[①]中，信贷受惠的对象是中小型企业，贷款额度最高为投资总额的50%。在“环境规划”项目中，给予商业投资者的贷款最高值为1000万欧元，贷款额度占投资总额比重达到75%。此外，德国还对居民购买太阳能发电设备进行贷款贴息，在一定程度上促进了新能源设备制造业的消费。③电力收购的补贴政策。德国电力收购的补贴政策以2016年为拐点，历经了两个阶段。2016年以前，德国规定电网运营商必须优先并以较高的指定价格收购利用可再生能源所发绿色电力，这种固定补贴的方式加重了德国政府的财政负担；因此，2014年通过的《可再生能源法修正案》将电力收购与市场竞价机制相结合，即由新能源发电企业竞价，出价低者获得入网补贴。竞价机制的引入降低了企业的成本，有助于解决新能源企业的投资过热问题。不过，这种竞价政策对于家庭自用型太阳能光伏发电系统并不适用，对其依然采取的是固定补贴政策。

（四）英国

英国对新能源产业的补贴政策支持以海上风电和生物质能为突出代表。针对海上风电，英国政府极为重视研发补贴：设立专项资金，鼓励政府部门对可再生能源的开发、利用，进行研究和规划，并提供基金，鼓励产业界、大学开展发展低碳经济的战略研讨；海上风电场建设对技术的要求比陆地风电场可能更为严格，

---

① ERP 指企业资源计划（enterprise resource planning）。

也会影响海洋生态环境，英国政府为支持前者，曾提供 1.18 亿英镑的投资补贴。对海上风电的项目建设环节，除了投资补贴，还实施了以绿色投资银行为支撑的信贷优惠政策；当风电进入制造环节，英国政府推行了免税政策，免征气候变化税，大大减少了企业的生产成本。针对生物质能，英国的补贴政策着眼于全产业链。首先，给予创新技术的研发以资助，补贴金额达到了研发费用的 70%。其次，利用矿物燃料的发电税反哺生物质能，提高后者的发电量；发电税的税率因地区和时期有所差异。最后，实施新能源电价补贴。新能源电力运营商在通过竞争获得合同的情况下，会获得奖励补贴，运营商在奖励补贴的基础上出售电力，显然最终电力销售的价格取决于竞争结果与技术水平。

（五）丹麦

丹麦对风电发展的补贴政策涉及研发环节、制造环节与发电环节 3 个产业链环节，如图 3.3 所示。在研发环节，为风电机技术研究及生物质能私营企业提供低息贷款。在制造环节，丹麦给予生物质能生产企业低于市场利率 50%的投资补贴，年度补贴额度为 400 万欧元。对风机的直接补贴则强调了国产化和大容量化两个阶段，其中国产化出现在 20 世纪 70 年代末，丹麦政府规定对安装使用丹麦认证的风机，提供 30%的补贴；大容量化是指以大容量风机替代小型风机，政府提供 20%～40%的补贴。与此同时，针对风能项目的开发，丹麦还提供了长期融资和担保贷款优惠政策。在新能源发电环节、消费环节，采取的是高价收购电力和免税政策。前者是在合理制定新能源上网电价的基础上，要求电网企业全额收购电力；后者是风能发展处于幼稚期的产物，在这一环节，对风机发电获得的收入免征税收。

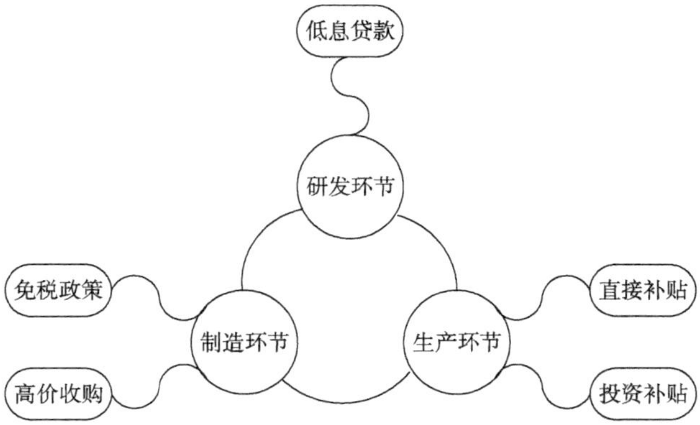

图 3.3　丹麦的新能源补贴政策特征

（六）印度

印度对新能源产业的补贴政策涉及低息贷款、税费减免、发电量补贴、投资补贴，其中低息贷款主要提供给新能源投资公司，给相关项目融资；生物质能和风电产业是低息贷款的主要受益方。印度政府曾制订发电量的规划，即 2008～2012 年为实现增加 15 000 兆瓦的可再生能源发电量目标，印度拟投资 150 亿元。基于此印度拟依据发电量提供补贴。针对联网的新能源发电，如风电、太阳能发电及水电，印度也给予一定补贴额。印度对新能源产业的税费减免政策较有特色，因考虑到新能源设备制造过程中研发的重要性及设备产成品的出口，印度的补贴政策在这两个环节均有涉及。例如，免去 10 种风电设备专用部件的进口关税；减免风机制造 25%的特殊税收；减免风电销售的前 5 年税收。通过联合建立“风能工业园”的形式，实现风机安装维修、电力并网等费用的分摊。除此之外，生物质能的税收优惠政策类别较多，除了所得税抵免，还包括关税优惠、免交增值税等。对于投资补贴的重要对象之一的生物质能企业，依据相关规定，印度政府提供 10%～15%的生物质能装备投资补贴。

（七）日本

基于煤炭、石油等不可再生能源的匮乏，并受一次石油危机的影响，自 20 世纪 70 年代起，日本制定了“阳光计划”、《关于促进新能源利用等特别措施法》、《资源有效利用促进法》，还实施了《电力设施利用新能源的特别措施法》“新阳光计划”《新能源发展大纲》等，对新能源开发与利用的战略规划与措施不断调整并完善，相关补贴政策包括：①现金奖励政策。现金奖励型补贴资金用于新能源公司，支持其开发与利用新能源。②财政直接补贴政策。大规模开发废弃物发电、风电、太阳能发电等或者宣传新能源的机构，其事业费和推广费的 50%由政府予以补贴；符合新能源法认定标准的新能源推广项目，由政府补贴其事业费的 1/3；向新能源的研发、消费者或者应用主体提供财政补贴，如住宅光伏补贴政策、非住宅光伏补贴政策、光伏新技术实验区补贴政策等。③信贷优惠政策。信贷优惠政策的对象包括新能源企业和安装太阳能系统的用户。符合条件的新能源企业可以享受激励性政策银行等金融机构推出的衍生品；新能源企业的外向国际化项目，可以享受优惠信贷利率；给予使用太阳能系统的用户以低利率的中长期贷款。④税收优惠政策。对于新能源的发展，日本的课税体现了程度轻、非直接、过程倾斜三个特点，税收是间接性的，且看重的是过程中的优惠，而不是结果的优惠。⑤固定价格收购电力政策。中央设定统一的固定价格，由电力公司负责收购电力。

二、补贴政策的国际比较

进一步对七个国家的新能源设备制造业补贴政策比较（表 3.9），总结出六点结论。

表 3.9 典型国家补贴政策的比较

国家	政策关切的新能源品种	政策重点
巴西	生物质能	融资政策、信贷优惠政策、差异化税率或减税政策
美国	风能、太阳能、生物质能	信贷优惠政策、税收减免政策、发电补贴政策
德国	风能、太阳能、生物质能	信贷优惠政策、税收减免政策、电力收购政策
英国	风能（海上风电）、生物质能	信贷优惠政策、研发直接补贴政策、税收减免政策、化石燃料征税反哺政策、电力销售补贴政策
丹麦	风能（海上风电）、生物质能	信贷优惠政策、设备购买直接补贴政策、免税政策、电力收购政策
印度	风能、太阳能、生物质能	信贷优惠政策、设备进口关税的优惠政策、风电销售税收政策、所得税抵免政策、投资直接补贴政策
日本	太阳能	信贷优惠政策、现金奖励政策、给研发消费和应用主体提供的直接补贴政策、税收优惠政策

（1）补贴的新能源品种与力度很大程度上依赖于资源禀赋。英国、丹麦、美国、德国、印度的风能资源丰富，以上五个国家均出台了补贴政策大力支持风能产业。巴西盛产甘蔗，具备提炼乙醇的优势资源，巴西的新能源补贴政策中，相当一部分针对生物质能。日本的石油、煤炭、天然气储量少，不可再生能源对外依存度达到 80%，但是太阳能资源较为充裕，日本的新能源补贴政策相当一部分围绕太阳能而制定。

（2）研发补贴凸显了新能源设备制造环节的重要性。例如，美国针对生物质能发展，加大研发补贴；英国对新能源的创新技术给以高额研发资助；印度提供信贷优惠给新能源投资公司，并给生物质能提供装备投资补贴；日本的财政直接补贴提供的对象之一是研发者及符合新能源法认定标准的推广项目。研发补贴的主要目标不仅包括提高技术创新能力，也包括实现新能源设备制造的国产化和大容量化。

（3）信贷优惠政策、减免税政策应用较为广泛的两类间接补贴模式。七个典型国家均采用了信贷优惠政策，差别在于信贷的对象。日本信贷优惠对象是新能源企业、用户及海外投资项目，印度为新能源投资公司，丹麦的信贷对象是风电研发者，英国的信贷对象为新能源生产企业，德国将信贷对象分为中小型企业、私人投资者等几种类型，美国的信贷对象包括可再生能源设备和太阳能产业项目等，巴西信贷的对象是生物质能原料种植户。很明显，通过与上述国家的比较发现，我国在信贷优惠政策上有待进一步加强。减税涉及的范围较广，包括装机税（美国）、发电投资收入税收（美国）、新能源生产企业（德国、英国、丹麦、日本）、设备进口（印度）等。

（4）补贴用于新能源设备的引进来–走出去是少数典型国家的政策特征。例如，印度对10种风电、太阳能设备专用部件实施进口关税优惠政策；对生物质能实行关税优惠政策；加入国际金融机构以期获得信贷优惠；日本的新能源海外投资项目，享受信贷优惠利率。

（5）合理设计补贴额度和补贴对象的动态调整政策。大规模的补贴加剧了政府的财政负担，正如前所述，德国将补贴竞价机制引入电力收购，市场化机制有效地降低了政府的补贴额度，提高了补贴效率。考虑到发电成本，日本近几年将扭转重太阳能和核能、轻其他类型能源的现状，将补贴政策转向地热与风能。

（6）发电售电的补贴政策可以多元化。典型国家的实践表明，发电售电的补贴政策可以多元化，既可通过直接补贴的方式，如美国、丹麦和日本；也可以采取间接补贴的模式，如德国、英国、印度。其中德国与英国均是将发电售电的补贴与竞价机制结合，而印度则引入免税政策。

分类别探讨典型国家的新能源补贴政策，以期对中国新能源补贴政策的重新调整起到借鉴作用。通过风能政策的国际比较可知（表3.10），典型国家较为看重风电设备的技术与维修等，由此制定直接补贴、税收减免、低息贷款、电力购买政策，个别国家如印度关注进口设备的关税和风机维修费用的分摊。由于中国在风电产业的一些领域关键技术仍然较为滞后，印度的做法对于我国风能设备制造业补贴政策的调整有一定启示性。

表3.10　典型国家风能政策对比

国家	政策重点
美国	装机税减免政策；电机组投资的减免财产税和销售税政策；新能源设备低成本融资政策；电力购买政策
德国	研发补贴；风能设备系统折旧的税收减免；电价补贴由固定向竞争机制转变
英国	投资补贴政策；设立专项资金的技术研发投资和补贴政策；免征气候变化税政策；金融支持政策
丹麦	实行“风电机担保项目”；设备低息贷款政策；风机的直接补贴政策；融资与高价收购电力政策
印度	发电量补贴政策；进口关税减免政策；风电销售减免税收政策；风机维修费用的分摊政策

生物质能补贴政策略异于风能。虽然同风能类似，各典型国家比较注重投资补贴、信贷优惠与低税率政策，但有所区别的是，生物质能补贴政策较少涉及发

电环节（表 3.11）。这可能是由于生物质可以转化的产品不仅包括电力，也包括车用燃料、沼气等，其产品的多样化决定了下游的补贴目标可能是拉动新能源汽车、沼气等产品的消费等，不仅限于售电。

表 3.11　典型国家生物质能政策对比

国家	政策重点
美国	加大研发投入；提供产出补贴；政府采购措施；直接减税政策；抵免企业所得税
德国	抵免企业所得税
英国	提供产出补贴；销售补贴政策
丹麦	投资补贴计划；提供低息贷款；可再生能源配额制度
印度	提供低息贷款；投资补贴政策；税收优惠政策
巴西	融资与信贷政策；实行低税率政策；推广灵活燃料汽车

发达国家的太阳能补贴政策与风能、生物质能有着很大程度的类似性。不同于发达国家，印度对太阳能进口原材料和设备的引进尤为关切，且注重通过国际市场获得低利率融资（表 3.12）。给予中国的启示是为提升太阳能部件及部分设备的技术水平，减少大规模开发的成本，建立良好的国际合作机制或许是必要的。两个发展中国家巴西和印度，在发展新能源设备制造业的过程中，比中国更加强调市场化的信贷、税收等间接补贴政策。

表 3.12　典型国家太阳能政策对比

国家	政策重点
美国	太阳能光伏发电投资税抵免政策；家庭能源效率改善抵税政策；津贴补助政策
德国	FIT 政策，也称“再生能源电力强制收购电价政策”；税收减免政策；信贷优惠政策
日本	现金奖励政策；新能源的研发者、消费者或者应用主体提供的财政补贴政策；针对用户、新能源企业和国际化项目的信贷优惠政策；新能源开发的税收优惠政策；实行了太阳能剩余电力回收政策
印度	通过加入国际金融机构获得信贷优惠利率；投资固定资产的优惠政策；免除销售税政策；进口原材料和设备的信贷优惠与关税减免政策；太阳能项目开发的适应性补偿基金政策

注：FIT（feed-in-tariff）

将补贴模式按照两种不同的标准分为直接补贴与间接补贴、创新型补贴与非创新型补贴，对比典型国家政策，研究发现尽管多数国家的直接补贴模式侧重于研发阶段，或者电力收购，而在生产阶段则是间接补贴模式居多；相对于创新型补贴模式，涉及非创新型补贴政策的文本更多；在我国曾采用的现金奖励模式，以上典型国家极少采用（日本除外）。

第四节　补贴政策实施的效果评价

为促进可再生能源产业的发展，世界各国政府纷纷出台相应的优惠政策与补贴计划，但学术界关于政府对企业的研发补贴是否合理一直存在争议。大多数学者肯定了政府补贴对企业创新的正面作用，因为政府补贴能够减少企业的研发成本，降低企业的研发风险，从而支持企业的研发活动。Leyden 和 Link（1991）与 Wallsten（2000）、Clausen（2009）分别考察了美国、刚果、德国等国家政府补贴对企业研发投入的影响，计算结果均证实政府补贴能够促使企业增加研发投入，提高创新能力。Almus 和 Czarnitzki（2003）对比分析取得补贴与没有取得补贴的上市公司之间创新投入的差异，发现获得补贴的企业创新能力提升显著。Clausen（2009）发现政府对企业的研发补助能够有效刺激企业的研发投入，这一结论得到了 Montmartin（2013）、Dumont 等（2016）及 Louhivuori（2013）的分析结论支持。朱平芳和徐伟民（2003）以上海大中型工业企业为样本，计量检验表明政府的科技拨款与税收优惠都有利于提高企业的研发投入，而且两者相互补充。童光荣和高杰（2004）强调企业的研发支出不仅与当期补贴的关系显著，也受到上期政府补贴的影响，这一结论凸显了补贴对技术创新存在时滞性。刘德胜和张玉明（2010）、王一卉（2013）、顾群（2015）也得到类似结论。杨洋等（2015）对国有、民营企业政府补贴与技术创新的关系进行了比较研究，研究表明政府补贴对民营企业创新绩效的促进作用比前者更大。陈明明等（2016）以工业企业为例，发现政府补贴能有效激发企业的技术创新能力，提高企业创新供给，尤其是对技术含量高、创造性投入大的资本技术密集型企业而言。

部分学者认为，政府的研发补贴会扭曲企业的创新激励，降低企业的创新能力。正如 Lichtenberg（1987）、Busom（2000）、David 等（2000）所强调的：政府补贴的“挤出效应”促使企业减少了自身的研发投入。Impullitti（2010）则以美国上市公司为研究对象，发现政府补贴抑制了企业的创新绩效。虽然研究国别、企业类型不同，赵中华和鞠晓峰（2013）、吴剑峰和杨震宁（2014）的分析结果同样揭示政府补贴对于促进创新研发的激励作用有限。

区别于以上学者，武咸云等（2016）利用固定效应面板模型，研究发现政府补贴存在一个临界点，低于此点的补贴强度可以诱导企业研发投入，高于此点的补贴强度则会挤出企业研发投入。这一结果验证了政府补贴与企业研发投入之间并不是线性的关系。

典型国家的新能源设备制造业在补贴政策及规制、信息支持等支持下，产业得到较快的发展，而补贴政策最直接的影响可能是技术创新能力和装机容量，由此在补贴政策实施的效果上分为这两个部分评价。

一、对关键设备技术创新的影响

补贴政策实施后，风能设备制造业的技术创新能力得到很大程度的提升。以美国为例，现阶段美国新增机组的风轮直径、平均轮毂的高度较以往大幅增加，新增的风机单机容量高出2010～2014年平均值的11%；在叶轮、叶片、变桨距系统、塔架和传动装置、风力涡轮机等关键设备上专利申请量高于其他部件。技术创新能力提升的另一个实例是巴西。经过巴西的政策支持，该国在生物质能设备制造方面取得长足进步，包括生物燃料颗粒锅炉、沼气装备、气化炉等，有效缓解了固体燃料燃烧释放的碱金属而带来的腐蚀问题。又如太阳能发电技术，日本在逆变器方面技术进步明显，转化率达到96%，要高于中国；德国的（铜铟镓硒）薄膜太阳能电池技术处于世界发展前沿，转换效率达到了 22.6%。印度的太阳能光电照明技术、光电水泵系统、太阳能电存储装备系统也进步明显。总体来看，发达国家在黑硅技术、N型技术等所需的关键设备上取得明显优势。

二、对新能源设备装机容量（或产量）的影响

补贴政策的实施，有效地提高了新能源设备装机容量（或新能源产量）。统计数据显示（表3.13），典型国家中的德国、英国、丹麦三个欧洲国家，2015年累计装机容量分别为44 941兆瓦、13 809兆瓦、5064兆瓦，2016年上升至50 018兆瓦、14 543兆瓦、5228兆瓦；发展中大国印度，2015年与2016年两个年份累计装机容量为25 088兆瓦与28 700兆瓦，2016年装机容量有了很大程度的提升。

表3.13 2015年、2016年典型国家风电装机容量对比（单位：兆瓦）

国家	2015年累计	2016年新增	2016年累计
中国	145 362	23 328	168 690
印度	25 088	3 612	28 700
美国	73 991	8 193	82 184

续表

国家	2015 年累计	2016 年新增	2016 年累计
德国	44 941	5 077	50 018
英国	13 809	734	14 543
丹麦	5 064	164	5 228

如表 3.13 所示，中国的风电无论是累计还是新增装机容量，都高于表格中其他国家。从风机装机容量增长率来看，中国同样最大，达到 16.05%；其次是印度和德国。尽管美国的装机容量绝对值位居表格中第二位，但增长率要低于德国。

2005～2016 年，一些世界主要能源生产消费国的生物燃料产量持续增加，其推动力之一是补贴政策。2017 年《BP 世界能源统计年鉴》揭示，2005～2016 年美国的生物燃料产量增长率为 15.2%，巴西、中国、印度、德国、英国分别为 8.4%、14.6%、12.7%、7.2%、22.4%。英国的生物燃料产量增长率位居第一位，其次是美国和中国；但是绝对量来看，中国的生物燃料产量远远小于美国（0.357 79 亿吨油当量）和巴西（0.185 52 亿吨油当量）。

第五节 结 语

通过对我国新能源设备制造业的补贴政策缘起和演变分析，明确较之于生物质能，风能、太阳能两类设备制造业的发展除存在起步阶段、快速发展两个共同的阶段外，还存在规制阶段；补贴政策也由最初重视财政直接补贴一种模式而转向多种激励方式。在此基础上采用内容分析法，从基本政策工具、企业价值链两个维度进一步挖掘我国风能、太阳能设备制造业的补贴政策特点。将补贴模式分为直接补贴与间接补贴政策、创新型补贴与非创新型补贴政策，对比政策的差异性，并对补贴政策实施的效果初步给予评判。研究结果表明：①从基本政策工具角度来看，风能设备制造业的财政补贴政策所占比重与税收优惠、现金奖励政策相等，但少于价格政策，表明整体而言，风能设备制造业对间接性的补贴政策比直接性的补贴政策更为重视，而间接补贴政策中，政府对价格政策尤为关注。不同于前者，从单项政策来看，太阳能设备制造业财政补贴政策数量所占比重要远多于税收优惠政策、现金奖励政策，数量位居第二位的是价格政策。与风能设备制造业类似，信贷政策未能在太阳能设备制造业中得到广泛应用。②从企业价值链维度来看，风能设备制造业的补贴政策集中于制造与发电环节，它们的数量要高于消费环节的政策；针对研发与全过程环节的补贴政策数量偏少。说明风能设备制造业的基本政策工具偏向于生产制造和下游阶段，上游阶段的政策亟待完善。太阳能设备制造业补贴政策数量在价值链上的排序依次是发电、研发、消费、制造全过程，显然，太阳能设备制造业同样给予发电环节的补贴政策以充分重视。虽然两类新能源设备制造业非创新型补贴政策数量均高于创新型补贴政策，但相对而言，太阳能设备制造业的技术创新问题已得到政府关注，这可能与产能过剩有一定的关联。

通过比较典型国家新能源设备制造业的补贴政策，不难发现，发达国家制定的补贴政策比较多元化，政策也凸显出对风能设备制造业、太阳能设备制造业的技术创新支撑程度。较之于发达国家新能源设备制造业下游产品，我国虽然出台了部分产成品消费政策，但总体来看，消费端对整个产业的带动力不足。此外，典型国家信贷优惠、减免税政策两类间接补贴模式应用广泛；一些市场化的补贴机制用于新能源设备制造业的引进来–走出去；发电补贴政策不仅包括直接补贴，还包括价格补贴、市场竞价机制的引入等间接补贴方式。

第四章　新能源设备制造业补贴的适度规模测度

政府补贴是一把双刃剑：补贴资金少，则对新能源设备制造业的扶持作用有限，不能有效提升其竞争力；而补贴资金过量则可能在需求受限的情况下，导致产能过剩。我国近些年出台的《风力发电设备产业化专项资金管理暂行办法》（2008年）、《太阳能光电建筑应用财政补助资金管理暂行办法》（2009 年）、《关于做好金太阳示范工程实施工作的通知》（2009 年）、《关于完善光伏发电价格政策通知》（2013 年）等，对生物质能设备制造业、风能设备制造业、太阳能设备制造业给予补贴，企业层面相当一部分新能源设备制造企业如有研半导体材料股份有限公司、力诺电力集团股份有限公司、洛阳轴研科技股份有限公司等获得了中央与地方两级政府的补贴。这些补贴的额度是否合理？对于新能源设备制造企业而言，合理的补贴规模是否存在行业之间的差异性？为解决以上问题，本书将采用门槛回归模型，内生地将样本分为多个区间，并估计各个区间内政府补贴与产能过剩之间的关系，进而确定最优补贴规模。

针对政府补贴的规模，Lin 和 Jiang（2011）对中国 2007 年的终端能源价格补贴进行价差估算，结果显示清洁能源获得的政府补贴规模过小。除了价差法，终端消费者的可再生能源配额方法、消费侧补贴法均可用于补贴规模测度，不过以上两种方法关注的并不是可再生能源消费品种，而是最终能源消费者所获得的补贴金额（Batlle，2011；Lesser，2013）。较之于传统的火力发电，中国风力发电技术竞争力较弱，基于此，Zhang 等（2014）运用可再生能源发电整合规划模型估算风能和太阳能的潜在补贴额度。针对政府补贴效应，大量的研究围绕补贴与福利损失（Louhivuori V J，2012）的关系，研发补贴对成本（Koseoglu et al.，2013）、产业竞争力（孙鹏和聂普焱，2013）、企业科研投入（汪秋明等，2014）等的影响而展开。直接分析政府补贴产能效应的文献相对匮乏，有限的研究探讨了政府补贴对能源供给的影响，间接地论证政府补贴与产能过剩之间的关系。例如，

Macintosh 和 Wilkinson（2011）以澳大利亚的政府项目为例，指出补贴促使光伏产业增长超过六倍。与 Macintosh 和 Wilkinson 的研究观点相反，Briggs 和 Kleit（2013）针对电力市场的研究表明，政府补贴减少了能源供给。基于历史演变的视角，Shen 和 Luo（2015）剖析了中国可再生能源补贴政策，发现补贴对不同品种的能源供给影响存在差异性。补贴扩大了太阳能与风能发电的规模，对生物质发电及未开发的资源影响却不显著。以伊朗的分布式发电区域作为研究对象，Shahverdi 等（2014）的研究揭示，补贴的减少会对分布式发电运营与投资产生影响。显然，由当前的文献来看，政府补贴对于能源供给的影响是不确定的。

在学术层面，政府补贴与产能过剩的相关性研究已引起部分学者的关注。王立国等（2011）的研究表明，尽管中国风电设备、光伏产品暂时未出现行业性的产能过剩，但两大行业已经存在低端产能过度进入问题，因此，未来仍然面临行业性产能过剩的风险。需要指出的是，王立国针对两大行业的调研分析时间段为2005～2010 年，尚未考虑 2011 年以后的产能状况，其分析结论具有一定的局限性。史丹（2012）将新能源产能过剩的原因归结于国际市场萎缩、产业发展与市场培育不协调、生产力发展与制度建设不协调等，提出补贴是治理产能过剩的重要措施。显然，史丹的研究尚有两点值得商榷：①对产能过剩的判定基于光伏产业是否存在出口与价格下滑，以及风电行业是否存在弃风现象，并未采用客观的指标加以研判；②未能考虑政府在研发、生产阶段的补贴这一重要的产能过剩驱动因素。不同于史丹的研究，韩秀云（2012）和 Wang 等（2014）均认为政府的介入是产能过剩或者增长的影响因素。例如，韩秀云（2012）指出，除了国外需求与新能源价格，地方政府在政绩驱动下的过度投资对于产能过剩的影响也不可忽视。针对中国光伏产业的发展，Wang 等（2014）的研究表明，政府支持与行业利润空间、准入门槛等均推进了产能增长。虽然并没有以新能源产业作为特定的研究对象，杨振（2013）与陈剩勇和孙仕祺（2013）的分析结果显示：政府干预造成了中国式产能过剩，补贴是政府干预产业的一种重要形式，因而杨振等间接地论证了政府补贴对产能过剩的影响。在描述风力发电的装机容量和电力生产之间的不匹配现象基础上，Koseoglu 等（2013）对比分析了中国、美国、德国与西班牙产能利用率的动态变化及其驱动因素，指出电网连接的限制与缺乏整合的市场激励导致产能利用率的下降。

少数学者并未关注中国的新能源设备制造业产能过剩问题，其得到的因素相应地也与以上研究略有差异。Boccard（2009）分析了欧洲风电行业的产能因子，强调风速、风电产业行为、政府介入及融资模式等产能影响因素，同样赞成风速是产能驱动力的还有 Chang 等（2014）；Flora 等（2014）采用面板数据模型分析了 18 个欧洲国家 1998～2011 年风能闲置产能，认为提高技术效率、激励额外风能产能的政策措施对风能产能闲置会产生影响。

综上所述，当前针对新能源设备制造业产能过剩影响因素的研究侧重于定性分析，鲜有文献对政府补贴与产能过剩的关系展开实证研究。

第一节 研究设计

一、变量选择与模型设定

首先对研究样本进行遴选，将主营业务为太阳能与风能设备制造业上市公司纳入考察范围。为保证门槛效应估计的有效性，剔除了年度不全数据与非平衡面板的数据，最终的样本企业数量两个行业各为 21 家。另考虑到公司年报于 2009 年起出现补贴明细，本章也将研究的起始时间延至 2009 年，以期得到更为显性的研究成果。实证研究数据来源于国泰安数据库，采用 Stata 计量软件来实现。

在借鉴国内外相关文献的基础上，初步构建了如下的计量方程：

$$\mathrm{CU}_{it}=\alpha_0+\alpha_1\mathrm{Subsidy}_{it}+\alpha_2\mathrm{Wage}_{it}+\alpha_3\mathrm{Asset}_{it}+\alpha_4\mathrm{Increase}_{it}+\alpha_5\mathrm{Demand}_{it}+\varepsilon_{it} \tag{4.1}$$

（1）被解释变量。目前国内外的文献研究中缺乏产能过剩的直接测度指标。有限的文献如 Boccard（2009）指出，新能源的社会价值即是年度产出，年度产出通常表现为安装容量，由此来看，产能因素可以被视为测度产能过剩的指标之一。不过一个为多数学者接受的间接测度指标是产能利用率（capacity utilization）CU_{it}，指的是可用生产能力中被利用的比例（Morrison，1985），该指标在耿强等（2011）、钟春平和潘黎（2014）的研究中均有所体现。尽管 Morrison 并不是以新能源为研究对象，但对于产能利用率的定义仍然具有一定的普适性。该指标的优点在于对市场需求的反映较为灵敏。本节借鉴周劲和付保宗（2011）的研究，采用固定资产净值产出率来代替产能利用率进行测度。

（2）解释变量。政府补贴（Subsidy）为企业年报营业外收入中的政府补贴总额，用以反映政府补贴的强度；工资（Wage）用企业年报中应付职工薪酬一栏中的工资、奖金、津贴与补贴的金额，用以衡量企业劳动力水平。企业的工资水平越低，表明劳动力成本越低，企业可能雇用更多的劳动力用于生产，越有可能产生产能过剩；资产总计（Asset）用企业年报合并资产负债表中的期末余额一栏的金额来测算，用以衡量可再生能源上市公司对外投资的规模。投资规模越大，则产能越可能有过剩风险；所在地区的第二产业增长率（Increase），用企业所在城市当年的第二产业产值的增长幅度与上一年度的比值来测度。第二产业的增长率在一定程度上可以测度地区宏观经济的波动程度。鉴于产能过剩可能受区域宏观经济影响波动较大，采用这一指标测度是合适的。市场需求（Demand）以所在城市的GDP值测度，一般而言，GDP总量越高，表明当地的市场需求越有潜力，对于过剩产能的消化能力越强。

二、描述性统计分析

太阳能设备制造企业与风能设备制造企业的政府补贴与产能利用率的描述性统计如图4.1和图4.2所示。从政府补贴来看，风能设备制造企业历年获得的补贴显著高于太阳能设备制造企业。2009年风能设备制造企业补贴均值为0.538亿元，2010年和2011年政府补贴大幅攀升，经历2012年下跌后又升至1.02亿元。与风能设备制造企业补贴走势相同，太阳能设备制造企业2009年政府补贴均值为0.282亿元，2011年政府补贴升至0.448亿元；2012年出现小幅下跌，之后大幅增至0.577亿元。较之于政府补贴，两类设备制造企业的产能利用率走势存在一定的差异。风能设备制造企业的产能利用率呈现下跌态势，由2009年的3.30%下降至2013年的2.20%；而太阳能设备制造企业的产能利用率则无明显特征：2009年产能利用率为4.62%，2011年增至5.20%，2012年跌幅明显，之后略有回弹。

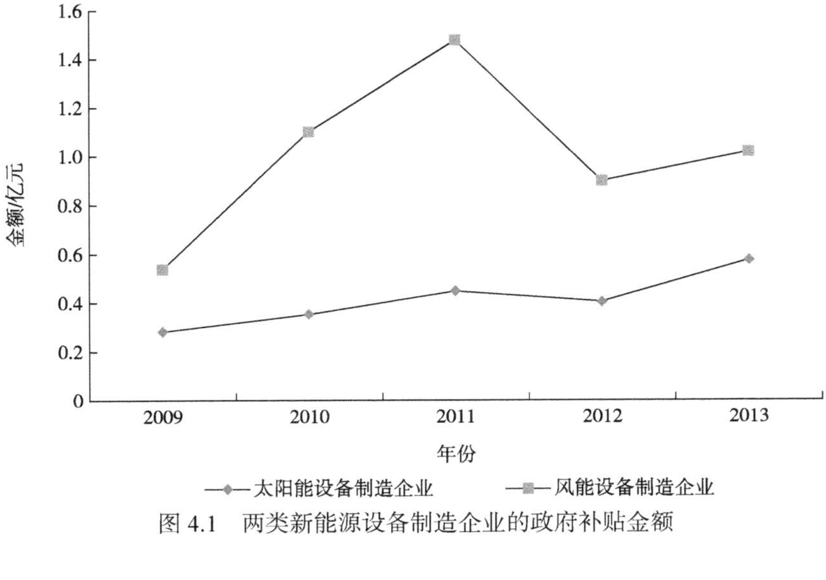

图4.1　两类新能源设备制造企业的政府补贴金额

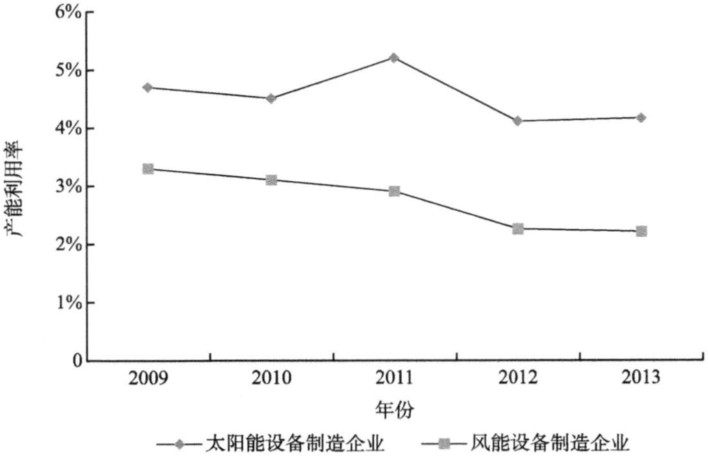

图 4.2　两类新能源设备制造企业的产能利用率

由图 4.1 和图 4.2，风能设备制造企业的补贴显著高于太阳能设备制造企业，而产能利用率低于后者。进一步地，对两个变量进行 t 检验，以验证是否需要比较分析政府补贴对两类企业产能过剩的影响。检验结果显示，政府补贴与产能利用率两个变量检验的 t 值分别为 3.3758 与 2.9107，p 值分别为 0.0248 与 0.0041，小于 5%的显著性水平，表明太阳能与风能设备制造企业政府补贴、产能利用率两个变量存在显著差异，有必要对政府补贴的门槛效应展开比较研究。

第二节　补贴对产能利用率的门槛效应

一、门槛回归模型的构建

考虑到政府补贴与产能利用率之间可能并不是简单的线性关系，存在政府补贴强度的最佳区间。因此，本节采用汉森发展的门槛回归模型，内生地将样本分为多个区间，并估计各个区间内财政补贴与企业研发投入之间的关系。建立如下计量方程：

$$\mathrm{CU}_{it} = \mu_i + \alpha_1 \mathrm{Subsidy}_{it} \cdot I(\mathrm{Subsidy} \leqslant \tau) + \alpha_2 \mathrm{Subsidy}_{it} \cdot I(\mathrm{Subsidy} > \tau) + \theta X_{it} + \varepsilon_{it} \tag{4.2}$$

式中，i 为企业；t 为年份，被解释变量CU 为产能利用率；Subsidy 为门槛变量；τ 为门槛值。门槛变量 Subsidy 的作用是将样本划分为不同的组（内生分组），然后以门槛变量为体制（regime）改变转折点，模型中不同体制就是通过门槛变量大于或小于某一门槛值来表示。$I(\cdot)$ 为指示函数，即对于Subsidy $\leqslant \tau$，$\tau = 1$，X 为控制变量的集合，包括工资（Wage）、资产总计（Asset）、所在地区的第二产业增长率（Increase）、市场需求（Demand），这些变量与计量方程（4.1）相同。式（4.2）的设定方式，假定门槛模型只存在一个门槛值，而事实上可能存在多个门槛，多门槛下的模型设定方式与单门槛情况类似。

将每个观测值减去组内平均值以消除个体效应，如 $\text{CU}_{it}{}^{*} = \text{CU}_{it} - \frac{1}{T}\sum_{i=1}^{T}\text{CU}_{it}$，进而得到如下计量方程［式（4.3）］：

$$\text{CU}_{it}^{*} = \mu_i + \alpha_1 \text{Subsidy}_{it}^{*} \cdot I(\text{Subsidy} \leqslant \tau) + \alpha_2 \text{Subsidy}_{it}^{*} \cdot I(\text{Subsidy} > \tau) + \theta X_{it}^{*} + \varepsilon_{it}^{*} \tag{4.3}$$

进一步将式（4.3）简化为矩阵格式：

$$\text{CU}^{*} = X^{*}(\tau) + \varepsilon^{*} \tag{4.4}$$

给定任意的 τ，系数的最小二乘估计量（$\hat{\alpha}$）为

$$\hat{\alpha} = \left[X^{*}(\tau)^{\mathrm{T}} X^{*}(\tau)\right]^{-1} X^{*}(\tau)^{\mathrm{T}} \cdot \text{CU}^{*} \tag{4.5}$$

相应地，回归方程的残差平方和为

$$\text{SSE}_1(\tau) = \hat{\varepsilon}^{*}(\tau)^{\mathrm{T}} \hat{\varepsilon}^{*}(\tau) = \text{CU}^{*\mathrm{T}} \cdot \left\{I - \text{CU}^{*}(\tau)^{\mathrm{T}}\left[X^{*}(\tau)^{\mathrm{T}} X^{*}(\tau)\right]^{-1}\left[X^{*}(\tau)^{\mathrm{T}}\right]\right\} \cdot \text{CU}^{*} \tag{4.6}$$

门槛值的估计量为

$$\hat{\tau} = \text{argminSSE}_1(\tau) \tag{4.7}$$

$$\hat{\sigma}^2(\hat{\tau}) = \frac{1}{n(T-1)} \hat{e}^{*\mathrm{T}}(\hat{T}) \hat{e}^{*}(\hat{T}) = \frac{1}{n(T-1)} \text{SSE}_1(\tau) \tag{4.8}$$

至此，可以得到所有待估参数的估计量。门槛回归模型方法的合理性，必须依赖于两个检验：第一个是门槛效应的显著性检验，即检验以门槛值划分的两组样本其模型估计参数是否显著不同；第二个是检验门槛的估计值是否等于真实值。门槛效应存在性检验的零假设（H_0）为 $\alpha_1 = \alpha_2$；备择假设（H_1）为 $\alpha_1 \neq \alpha_2$。由此构建如下统计量：

$$F_1 = \frac{\text{SSE}_0 - \text{SSE}_1(\hat{\tau})}{\hat{\sigma}^2} \tag{4.9}$$

式中，SSE_0 为门槛效应存在性检验零假设条件下，门槛模型估计得到的残差平方和。

然而对式（4.9）进行统计检验有一个严重阻碍，就是在零假设下 $\hat{\tau}$ 无法识别，这将造成传统的检验统计量的大样本分布并非“卡方分布”，而是受到干扰参数影响的“非标准非相似分布”，使得分布的临界值无法通过模拟的方式得到。本节运用汉森发展的“自助抽样法”获得了 F 统计量的渐进分布，得到拒绝零假设的概率值。

检验门槛的估计值是否等于真实值的零假设（H_0）是：$\hat{\tau}=\tau_0$；构建的似然比统计量为

$$\mathrm{LR}_1(\tau)=\frac{\mathrm{SSE}_1(\tau)-\mathrm{SSE}_1(\hat{\tau})}{\hat{\sigma}^2} \tag{4.10}$$

同理，LR 的统计量的分布也是非标准的，在满足一定假定条件的情况下，其渐进分布满足 $c(\alpha)=-2\ln\left(1-\sqrt{1-\alpha}\right)$ 的时候，就能够拒绝零假设，从而得到门槛的估计值的置信区间。

二、门槛检验

如前所述，在运用门槛回归模型之前，必须要对门槛效应的存在性进行显著性检验，以便识别方法的使用是否合理，并进一步确定门槛的个数及模型的具体形式。通过使用汉森发展的“自抽样”（Bootstrap）法，获得式（4.9）中的 F 统计量的渐进分布，并计算出接受原假设的概率值。

表 4.1 的结果表明，政府补贴对两个新能源设备制造企业产能利用率影响呈现复杂的非线性关系。当以太阳能设备制造企业作为样本时，第一门槛、第三门槛效果在 10%的水平上显著；当以风能设备制造企业作为样本时，第一门槛、第三门槛效果分别在 5%、10%的水平上显著，表明也可能存在双重门槛。以门槛变量 Subsidy 取值的 5%分位数作为搜索起点，使残差平方和（SSE）最小时，门槛变量的取值即为门槛值的估计值。接下来对门槛估计值进行真实性检验，结果显示，真实存在一个门槛值，因此选取单门槛回归模型。另从门槛的估计量的置信区间来看，太阳能设备制造企业为[14.59，19.05]，风能设备制造企业则为[13.92，19.98]，门槛估计有效。

表 4.2 的结果表明风能设备制造企业虽然也存在单一的门槛，但是当政府补贴低于 14.7770 时，政府补贴对产能利用率的影响系数为 0.0390，表明政府补贴的作用与太阳能设备制造企业相反，显著促进产能利用；当政府补贴超过门槛值时，影响系数由 0.0390 变为 0.1244，政府补贴对产能利用率的正向作用进一步显著上升。对比风能设备制造企业与太阳能设备制造企业的补贴影响系数发

现，太阳能设备制造企业影响系数的绝对值更大，表明降低产能利用率的作用更为显著。

表 4.1　门槛效应检验结果

门槛检验	太阳能设备制造企业	风能设备制造企业
第一门槛	16.8425* （0.0750） [14.59，19.05]	14.7770** （0.0390） [13.92，19.98]
第二门槛	17.0678 （0.1620） [14.59，19.05]	16.4297 （0.1510） [13.92，19.98]
第三门槛	18.0138* （0.0960） [14.59，19.05]	16.7300* （0.0910） [13.92，19.98]

注：( ) 内为门槛效应存在性检验的概率值；[ ]内为门槛值在 95%置信水平的置信区间

**、*分别表示在 5%、10%的水平上显著

表 4.2　门槛回归模型的估计结果

解释变量	太阳能设备制造企业	风能设备制造企业
门槛值前政府补贴	−0.1601** （−2.2381）	0.0390** （2.0740）
门槛值后政府补贴	−0.1750** （−2.2632）	0.1244*** （2.9929）
工资	−0.1990 （−0.4399）	0.1193* （1.7988）
资产总计	−0.0490 （−0.4399）	−0.3812*** （−2.6552）
第二产业增长率	−0.0287 （−0.4332）	−0.0204 （0.5284）
市场需求	0.3888 （1.3762）	−0.1170 （−0.6784）

注：( ) 内为修正异方差后的 t 统计量

***、**、*分别表示在 1%、5%、10%的水平上显著

剖析政府补贴门槛值附近的设备制造企业数量占各自行业总样本的比重，进而刻画补贴的分布特征。2009～2013 年太阳能设备制造企业政府补贴高于门槛值 16.8425 的设备制造企业比重总体呈现上升态势，由 2009 年的 33.33%升至 2012 年的 61.90%，但是 2013 年又有所下降（表 4.3）。考虑到太阳能设备制造企业获得的政府补贴总体是加剧产能过剩的，而越过门槛值时对产能利用率的负向影响进一步增强，由此可知，相当一部分太阳能设备制造企业所获得的补贴规模有待控制。

表 4.3　2009～2013 年落在各门槛区间的设备制造企业数量占行业样本总数的比重

年份	太阳能设备制造企业（政府补贴门槛值）		风能设备制造企业（政府补贴门槛值）	
	政府补贴<16.8425	政府补贴≥16.8425	政府补贴<14.7770	政府补贴≥14.7770
2009	66.67%	33.33%	14.29%	85.71%
2010	52.38%	47.62%	4.76%	95.24%
2011	42.86%	57.14%	9.52%	90.48%
2012	38.10%	61.90%	9.52%	90.48%
2013	52.38%	47.62%	9.52%	90.48%

风能设备制造企业略区别于太阳能设备制造企业。2009～2013 年前者的政府补贴低于门槛值 14.7770 的公司数量占总样本的比重不超过 15%，政府补贴高于门槛值的公司数量占总样本比重高于 85%。风能设备制造企业的政府补贴对产能利用率的影响是正向的，尤其是补贴高于门槛值时，影响系数更大，因此总体上看，风能企业的政府补贴效果与多数学者的观点相反，即政府补贴不但不是产能过剩的动因，相反可以在一定程度上遏制产能过剩风险。究其原因在于，风能设备制造企业的补贴结构不同于太阳能。结合企业获得补贴的实际，将补贴按照是否属于财政直接补贴分为直接补贴与间接补贴，其中，间接补贴主要指奖金、税收等市场化激励机制；按照补贴的目的则分为创新型补贴与非创新型补贴，前者包括研发、老项目改造、示范项目等旨在推进技术供给与扩散的补贴形式，后者则泛指其他模式。间接补贴与创新型补贴在总补贴中占的份额越高，则有利于市场化激励、提升企业的技术创新能力，进而推进企业产品销售、提高产能利用率。2009～2013 年风能设备制造企业获得的间接补贴在总补贴中所占比重年平均值为 30.72%，创新型补贴所占比重均值则为 18.05%；对比风能设备制造企业，太阳能设备制造企业所获得的补贴中税收与奖金等间接补贴，研发与示范项目等创新型补贴所占份额较少。2009 年间接性补贴所占比重为 16.37%，2010 年则跌至 8.79%，之后 2013 年间接补贴升至 18.11%；2009～2013 年，太阳能设备制造企业创新型补贴在总补贴中所占比重年平均仅为 4.75%。当前的补贴结构，加之年平均近 50%数量的太阳能设备制造企业获得补贴金额高于门槛值，且国内外消费市场并未有效驱动，太阳能设备制造企业产能过剩风险加大。

从其他控制变量来看，太阳能设备制造企业中四个控制变量与产能利用率的关系不显著，表明劳动力成本、企业对外投资规模、当地宏观经济波动、市场需求均不是驱动产能过剩的主要因素；针对风能设备制造企业，第二产业产值的增长率、区域 GDP 影响同样不显著，因而通过拉动当地市场需求、利用宏观经济波动来消化过剩的产能并不是有效的途径。工资水平与产能利用率之间为显著的正向关系，与预期相同。这说明企业劳动力成本的上升有助于遏制产能过剩；资产总计与产能利用率为负向关系，揭示企业对外投资规模越大，产能利用率越低，产能过剩风险越大。

第三节　实 例 分 析

一、实例背景

补贴对产能利用率的影响也可以通过两个案例加以验证。现阶段相当一部分上市公司从事多元化业务，为增加研究结论的可靠性，遴选了两家分别以风能和太阳能设备制造为主营业务的企业。A 企业为风能设备制造的龙头企业之一，主要产品是大容量异步风电控制系统与同容量电机配套的变流器，截至 2014 年，拥有 4000 名员工和 42 亿元的总资产。B 企业为太阳能设备制造企业，生产晶体硅、单晶硅、多晶硅、光伏电池片、太阳能电池组件，现有 5000 名员工和近 170 亿元的总资产。

二、政府补贴总量及产能利用率的特征

（一）政府补贴总量

上市企业年报显示，2009 年以后政府加大对新能源设备制造企业的政策性支持。表 4.4 显示，2009 年 A 企业获得的政府补贴金额为 0.397 57 亿元，2010 年下跌幅度明显，降至 0.185 63 亿元，之后持续攀升，2013 年、2014 年分别升至 0.480 44 亿元、0.667 84 亿元。B 企业获得的政府补贴金额在持续波动中依然呈现增加的总体趋势：2009 年的补贴金额为 0.502 00 亿元，2010 年下降至 0.300 68 亿元；历经 2011 年的小幅下降后，2012 年飙升至 1.134 44 亿元；2013 年又急剧下跌，2014 年则反弹的幅度很大。

表 4.4　2009～2014 年政府补贴金额（单位：亿元）

年份	A 企业（风能设备制造企业）	B 企业（太阳能设备制造企业）
2009	0.397 57	0.502 00
2010	0.185 63	0.300 68
2011	0.214 17	0.271 27
2012	0.245 13	1.134 44
2013	0.480 44	0.279 23
2014	0.667 84	0.856 93

（二）产能利用率

沿用本章的产能利用率测度方式。A 企业 2009 年产能利用率为 3.12%，之后逐年上升，2010 年升至 3.40%，2014 年上升至 4.23%，补贴金额与产能利用率基本保持正向的关系。理论上来看，补贴可能导致投资增加，企业产能过剩风险加大，但是实践层面，A 企业的实例却与计量检验的结果类似，即补贴并不是产能过剩的主要原因，相反却促使产能得到一定程度的释放。B 企业的产能利用率是逐步降低的，2009 年为 4.01%，2010 年降至 3.29%，2014 年跌到 2.14%。

通过对两个案例企业的比较，发现风能设备制造企业的补贴与产能利用率走势相同，即随着补贴的增加，产能利用率也上升；而太阳能设备制造企业的补贴与产能利用率走势存在明显差异，说明与实证结果类似，随着太阳能设备制造业补贴的增加，有产能过剩的风险。

第四节　结　　语

政府过度补贴可能是新能源设备制造业产能过剩的重要原因之一。探求补贴对于企业产能影响的门槛值，有助于把握补贴的适度规模。本章以太阳能、风能设备制造企业作为研究对象，采用门槛回归模型，对比研究政府补贴对产能过剩影响的门槛效应，实证结果表明：①政府补贴对产能利用率的影响呈现复杂的非线性关系、存在门槛效应及最佳的门槛值。太阳能与风能设备制造企业的政府补贴均存在 1 个门槛值。②对产能利用率影响的非线性关系与门槛效应具有行业的差异性。太阳能设备制造企业的门槛值高于风能设备制造企业，且前者获得的政府补贴门槛值低于 16.8425 时，对产能利用率的影响呈现显著负向效应；补贴高于该门槛值时，负向效应显著增强。风能设备制造企业获得的政府补贴门槛值在低于 14.7770 时可以增加产能利用率，越过门槛值时，产能利用率显著上升。这也说明，对于太阳能设备制造企业而言，即使补贴落入相对有效的补贴区间，也有产能过剩风险；而对于风能设备制造企业，政府补贴的作用与部分学者观点相反，这意味着政府补贴不是产能过剩的驱动因素。③太阳能设备制造企业获得的政府补贴门槛值位居相对有效区间的数量总体呈现下降态势，只是到 2013 年才有所回升，该现象值得警惕。

第五章　新能源设备制造业补贴的模式

第一节　新能源设备制造业补贴模式的概述

补贴的成效如何一直为政府与学术界所关注。不同的新能源设备制造业补贴模式可能对技术创新、生产成本的影响不同，进而影响企业的财务绩效，因而较之于整个补贴，研究补贴模式的作用可能更为重要。例如，原料供应价格补贴模式可以降低新能源设备制造企业生产成本，就业补贴所带来的就业扩大反而有可能导致企业运营成本上升。研发与项目改造等补贴模式对企业财务绩效的影响是不确定的：从正向效应来看，研发与项目改造等补贴模式带动的技术创新效应会提升企业竞争力，有利于企业财务绩效的提升；从负向效应来看，政府补贴虽可以增加其科学研究与试验发展（research and development，R&D）的投资量，但存在技术外溢，可能导致同行业其他企业的"搭便车"行为，减少后者的研发支出，间接影响了企业的创新能力，弱化了企业的盈利能力。因而补贴模式对新能源设备制造企业的财务绩效影响的综合效应是复杂的。

再者，原始制造区别于再制造，前者是指利用关键技术、原材料设计和开发新产品；后者则强调通过逆向供应链，将废旧产品回收后重新修复、改造，其益处在于可以促使资源的循环利用，并能减少环境污染，可以在一定程度上实现节能减排和提高公众的绿色消费意识。新能源设备制造业，除了原始制造，一些新能源设备制造组件，尤其是光伏设备组件（如晶体硅组件与薄膜电池）的回收再制造问题迫切需要解决。不同的补贴模式，可能会影响光伏组件的回收率，进而对再制造加工和再制造升级改造产生影响。基于以上原因及数据的可得性，本章首先对原始制造的补贴模式进行实证分析。选取新能源设备制造企业数量相对较多的风能与太阳能企业为样本，建立门槛回归模型分析两个变量之间的关系。其次对再制造的补贴模式进行了理论建模与政策仿真研究。

一、政府补贴模式选择

（1）现行补贴模式是否合理及发达国家经验。杜伟杰等（2011）首先将补贴模式分为四种：税收优惠、财政补贴、要素支持与优先购买，分析了美国新能源设备制造业补贴政策经验，由此提出发展我国新能源设备制造业的税收减免、政府采购等政策。以德国、丹麦等欧洲新能源强国为研究对象，谢旭轩等（2013）分析其政策机制，进而指出我国在电价补贴、可再生能源发展基金、其他资金支持等方面的补贴模式改革方向。

（2）补贴模式选择的效应如何。不同的补贴模式表明补贴工具的差异性，进而对宏观经济、产业或企业的生产成本、技术创新与消费者等影响也是迥异的。针对宏观经济效应，严静和张群洪（2014）的灰色预测模型结果表明，中国新能源价格补贴对宏观经济产生显著的正影响，这一观点也得到 Ouyang 和 Lin（2014）的研究结论支持，后者进一步指出，将补贴从化石能源转向新能源可能缩小收入差距。一些学者关注补贴模式的产业链终端效应。例如，Lesser（2013）认为美国联邦政府没有经济理由对风能发电进行直接补贴，因为该补贴模式加剧市场扭曲；Alberto 等（2012）与 Sanchez-Braze 和 Pablo-Romero（2014）均研究了补贴模式对太阳能的影响，不过两者的区别在于，前者关注资本补贴，而 Sanchez-Braze 和 Pablo-Romero 则强调的是物业税奖励。针对技术创新补贴，部分学者的研究发现，通过税收减免（Sinaiko，2013）、投资与开发的转移支付（Shen and Luo，2015）等模式进行补贴对新能源技术产生影响，进而可能间接影响企业的财务绩效，不过，正如 Shen 和 Luo（2015）所指出的，少数模式如投资与开发的转移支付可能反而会导致低水平的技术。从生产经营成本和产成品供给层面研究补贴模式的效应是当前文献研究的重点之一。Naveen 和 Yog（2012）针对印度新能源的研究揭示，该国太阳能发电的主要问题是高成本。为鼓励生产，印度政府提供了大量的补贴。Rosnes（2014）认为，将风电激励与市场信号割裂的补贴将大幅增加成本；非灵活电力系统应着力于最优补贴（即投资补贴）而不是生产补贴或者固定价格。依据 Keyuraphan 等（2012）的观点，为了鼓励新能源的发展，最常见的政策支持包括新能源上网电价和新能源组合标准。在泰国，将两种方式集成是激励新能源电力生产的可行途径。同样是研究补贴对新能源发电的影响，Zhang 等（2014）认为确定适度的补贴额度对于风能的发电量至关重要。

（3）不同模式的成本效益如何。成本效益分析是研究补贴模式选择的重要分析方法，相关文献一般是将电价补贴与资本补贴（Hsu，2012）、电价补贴与许可证市场制度或者上网电价与三种政策组合（上网电价、投资补贴与软贷款）进行比较（Fagiani et al.，2013），主要研究方法包括面板数据、仿真等，关注的是新能源产业链的下游（表 5.1）。

表 5.1　政府补贴模式的选择及成效

作者	年份	研究的补贴模式	观点
杜伟杰等	2011	税收优惠、财政补贴、要素支持、优先购买	补助个人购买的新能源产品；对传统能源企业增收税款来促进新能源企业的发展
谢旭轩等	2013	电价补贴、可再生能源发展基金、其他资金支持	介绍发达国家经验，指出我国未来改革的方向
严静和张群洪	2014	价格补贴	新能源价格补贴对宏观经济产生显著的正影响
Lesser	2013	直接补贴	直接补贴加剧市场扭曲
Sinaiko	2013	税收减免	补贴模式对新能源技术产生影响，进而影响财务绩效
Shen 和 Luo	2015	投资与开发的转移支付	补贴模式导致低水平的技术
Rosnes	2014	投资补贴	投资补贴可减少新能源成本
Hsu	2012	电价补贴与资本补贴	不同补贴模式的成效效益存在差异性
Fagiani 等	2013	上网电价、投资补贴与软贷款	不同补贴模式的成效效益存在差异性

二、政府补贴对就业的影响

在相当一部分文献里，政府补贴与就业的关系是复杂的，通常表现为以下四个方面。

（1）政府补贴对就业的正向影响。Kangasharju（2005）采用 1995～2002 年的 31 000 家企业的非均衡面板数据，以回归和匹配两种方法调整后的双重差分为基础研究了政府补贴对于就业的影响，计算结果显示，工资补贴激励了就业，达到了预期目标。Griffin（2010）定量研究了 1975 年以来的日本就业调整津贴对于钢铁行业劳动力调整、生产率和产出波动的影响。局部均衡模型表明就业调整补贴通过激励劳动力囤积而减少稳态的劳动生产率，补贴达到了减少就业波动的目的；而当雇佣成本高昂时，补贴的影响是显著的。另有一些学者相对于以上的研究更为细致，从补贴类型、公司类型等视角分析政府补贴对就业的影响。例如，Betcherman 等（2010）在对补贴计划分类的基础上，采用双重差分模型分析了政府补贴与就业之间的关系，研究发现两种补贴计划确实导致了在符合条件的省份登记就业的显著净增长；同样是对补贴进行分类，Koski 和 Pajarinen（2011）的研究探讨了就业增长与雇用至少 10 人公司的 3 种企业补贴之间的关系，发现所有的企业补贴类型与就业增长之间是正向关系，但补贴类型不同，对就业的影响滞后期可能也存在差异，就研发补贴而言，其对于就业的影响是补贴后的 1 年，而其他补贴则是 3 年。Koski 和 Pajarinen（2011）将公司分为 3 种类型，即高增长创业公司，超过 5 年的老牌公司及其他的公司。随机效应模型表明，高增长创业公司与其他公司之间的差异性比创业公司与超过 5 年的公司之间差异性要大；另一个结论是无论创业公司还是老牌公司，所有的补贴似乎都对当前就业增长产生了正向影响。

（2）政府补贴对就业的负向影响。较少有文献的实证结论认为政府补贴与就业之间为负向关系，极少数学者如 Harris（1991）运用产业需求函数、常数替代弹性（constant elasticity of substitution，CES）生产函数参数与仿真模型研究要素补贴对就业、资本和产出的影响，结果表明，由于制造业是劳动密集型的，且价格对产出的需求弹性非常低，补助资金所创造的就业效应负向效果明显；Connolly 和 Gottschalk（2009）构建了分析框架研究收益补贴，职业流动和工资增长之间的因果关系，实证分析结论与分析框架的预测相一致，即实验组比对照组有着更短的就业持续期，以及更快的工资增长率。

（3）政府补贴对就业的不显著影响。Guntram 和 Volker（2008）采取固定效应模型，选择上期就业、当期补贴比率、GDP 值及开放程度作为自变量，实证分析了经济合作与发展组织国家公共补贴对就业的影响，结论表明，存在动态指标的情况下，公共补贴对就业的影响较弱；与 Wolff 和 Reinthaler 的研究结论相类似，国内的学者申香华（2010）选择补贴、公司规模、国有股权比例、政府背景（虚拟变量）作为自变量，通过江苏省、河南省上市公司财政补贴的倾向性及其经济绩效的比较分析，指出接受补贴的公司在促进就业、缴纳税款、提供社会捐助、增加环保投入或支出等方面的贡献并不显著。此外，Bergström（2000）将补贴数/雇员人数、资本存量的增长等作为自变量，以公司附加值的增长作为因变量，分析补贴对于全要素生产率的影响，研究尚未发现明显证据支持补贴影响生产率。尽管 Bergström 并没有直接分析资金补贴与就业之间的关系，但是其自变量考虑了就业的因素，从而将补贴与就业间接联系起来。

（4）政府补贴对就业的影响以一定前提条件为基础。部分学者认为，政府补贴是否对就业产生影响取决于一定的前提条件。Wren 和 Waterson（1991）评价了英格兰产业财政支持的直接就业效果，结论显示补贴的就业成本效益援助计划与经济条件两者之间各不相同。显然，Wren 和 Waterson 的研究侧重点在于区域，并未涉及行业或企业；以广义矩估计作为研究方法，Girma 等（2008）针对爱尔兰制造业数据的分析表明，在没有赠款的条件下，政府补贴创造了额外就业。

三、政府补贴对企业绩效的影响

相当一部分文献关注于政府补贴对企业财务绩效的影响。大多数学者的研究表明，政府补贴无助于提高企业的财务绩效，甚至降低企业的财务绩效。Beason 和 Weinstein（1996）等学者通过对投资补贴效应的分析，发现政府补贴会降低企业增长速度，并可能致使规模报酬递减；以 1982～1996 年希腊食品和饮料制造业企业的分析为前提，Tzelepis 和 Skuras（2004）指出补贴负向影响了资产收益率（return on assets，ROA），即使市场失灵的情况下补贴是合理的，这并不能说明资源能够被有效地分配；Balsari 和 Ucdogruk（2008）及彭熠和胡剑锋（2009）分别以伊斯坦布尔 100 强企业及中国农业上市企业为研究对象，并将政府补贴做不同的分类，实证分析结果同样支持了 Beason 和 Weinstein 与 Tzelepis 和 Skuras 等的观点；唐清泉和罗党论（2007）针对中国上市企业的政府补贴动机与效果进行了实证分析，证明了政府补贴没有显著增强上市企业的经济效益。另有极少数学者的研究认为，政府补贴效果在短期与长期可能存在差异。例如，冷建飞和王凯（2007）基于 2002～2005 年的农业上市企业财务数据，分析了政府补贴与农业上市企业盈利的相关性，认为税收补贴与收入补贴虽然可以增加农业上市企业当期的利润，却会从长期降低农业上市企业的盈利能力。

第二节　新能源设备制造企业的补贴模式

一、模型与假设

（一）研究假设

依据企业的实践经验，企业接受来自政府的补贴大体包括直接财政投入、减税、融资优惠、奖金等，可进一步将其细分为直接补贴与间接补贴两种模式；另外，从政府给予的补贴所用的目的来看，可用于研发、项目改造、技术推广与应用、就业等，依据这一特征，可以将补贴模式分为科技补贴与非科技补贴，其中科技补贴与技术供给、技术扩散相关。

进一步地，补贴模式与企业财务绩效相关性的机理可能在于：直接补贴是通过财政资金直接拨付的方式，在当前市场化机制尚未完全建立的情形下，直接补贴可能对企业财务绩效的影响较之于间接补贴要显著。创新型补贴用于提升企业创新能力，考虑到只有技术供给与技术的应用水平得到一定提升，企业的盈利能力才会有本质上的提高，因此，企业获得的创新型补贴较之于非创新型补贴在理论上更可能使企业的盈利能力增强。基于这两点分析，提出如下假设。

H_1：在当前市场化机制不健全的情形下，直接补贴与企业财务绩效呈显著正相关。

H_2：创新型补贴对企业财务绩效呈显著负相关。

（二）样本选取与数据来源

在上海证券交易所与深圳证券交易所上市的主营业务为新能源设备制造的企业主要包括风能、太阳能、生物质能、水电等几类，其中，风能与太阳能上市企业数量相对较多，且其补贴问题也最为引人关注，因此将其选为研究样本。考虑到企业年报于 2009 年起出现补贴明细，将研究的时间期限设定为 2009～2014 年。剔除这一期间净利润为负的样本，风能与太阳能新能源设备制造企业的数量分别为 26 家与 21 家。实证研究数据来自国泰安数据库，采用 Stata 计量软件来实现。

（三）变量选择与模型设定

建立两种面板数据模型，第一个是将政府补贴分为直接补贴和间接补贴数据模型。其中被解释变量为企业财务绩效，其取值为企业净利润，在年报中记录在“合并利润表”；解释变量为政府直接补贴和政府间接补贴，会计报表中将直接补贴和间接补贴记录在“政府补贴”与“营业外收入”的科目中。将企业年龄、资本密集度、第一大股东所占比例作为控制变量：①企业年龄。一般而言，企业财务绩效会随着企业成立时间的增长而增加。成立时间久的企业可能更有盈利能力。作为战略新兴产业，新能源的亏损可能风险较大，此时企业成立初期往往面临技术不成熟、融资约束等问题，进而影响企业财务绩效。因此，企业年龄是影响其企业财务绩效的变量之一。②资本密集度。资本密集度对于企业财务绩效的影响是复杂的。新能源设备制造企业在发展的过程中，可能存在资本密集度过高的问题，从而导致企业资本流动性较差，进而降低企业盈利能力。③第一大股东所占比例。第一大股东所占比例在一定程度上反映了股权结构，不仅决定了控制权的分布状况，也决定了所有权与经营权之间的代理管理，其与企业财务绩效之间的关系是不确定的。一种观点是两者之间为正向关系，理由是第一大股东的治理动力随着持股的增大而增大，即大股东有监管管理者的动机和能力，可以减少管理者的机会主义倾向，从而提高企业的价值与盈利能力；相反的观点则认为第一大股东的持股数量高，则可能导致其利用控制权侵害中小股东或者企业整体的利益。基于以上分析，建立面板数据模型：

$$\begin{aligned}\ln(\text{Profit}_{it}) = \beta_0 + \beta_1\ln(\text{Dsub}_{it}) + \beta_2\ln(\text{NDsub}_{it}) + \lambda_1\ln(\text{Age}_{it}) \\ + \lambda_2\ln(\text{Top}_{it}) + \lambda_3\ln(\text{Cpl}_{it}) + \varepsilon_{it}\end{aligned} \quad (5.1)$$

式中，Profit_{it}、Dsub_{it}、NDsub_{it}、Age_{it}、Top_{it} 与 Cpl_{it} 分别为企业财务绩效、政府直接补贴、政府间接补贴、企业年龄、第一大股东所占比例与资本密集度。企业财务绩效取值为企业净利润；政府直接补贴，取值为财政拨款；政府间接补贴，取值为税费减免、融资优惠、奖金等市场化补贴明细之和；企业年龄，用企业成立年限表示；资本密集度，用“固定资产/员工总人数”表示。在众多盈利性评价指标中，企业净利润是体现企业盈利能力的最重要的指标之一，然而部分企业的净利润是负值，不适宜取对数，将其为负的样本删除。

第二个模型为科技创新型补贴和非科技创新型补贴面板数据模型。考虑到政府科技创新型补贴影响企业的研发能力，进而影响企业的业务，从而对企业财务绩效产生影响。综合以上两种效应，建立面板数据模型：

$$\begin{aligned}\ln(\text{Profit}_{it}) = \beta_0 + \beta_1\ln(\text{Isub}_{it}) + \beta_2\ln(\text{NIsub}_{it}) + \lambda_1\ln(\text{Age}_{it}) \\ + \lambda_2\ln(\text{Top}_{it}) + \lambda_3\ln(\text{Cpl}_{it}) + \varepsilon_{it}\end{aligned} \quad (5.2)$$

式中，Isub_{it} 和 NIsub_{it} 分别为政府科技创新型补贴和非政府科技创新型补贴。

二、实证分析结果与讨论

（一）描述性统计分析

由图 5.1 可知，2009～2014 年风能设备制造企业净利润均值总体要高于太阳能设备制造企业。2009～2011 年风能设备制造企业的净利润均值经历连续两年的下降，2012 年开始回升，从 2011 年的 7.596 42 亿元大幅攀升至 2012 年的 13.598 55 亿元，2014 年企业净利润增加到 20.155 44 亿元；太阳能设备制造企业的净利润均值在 2009～2012 年呈现波动态势，2009 年为 2.992 87 亿元，2010 年企业净利润均值则增加至 5.840 69 亿元，随后短暂的下跌态势后，于 2013 年开始反转回升，2013 年、2014 年的净利润平均值分别为 7.310 02 亿元、9.889 46 亿元。

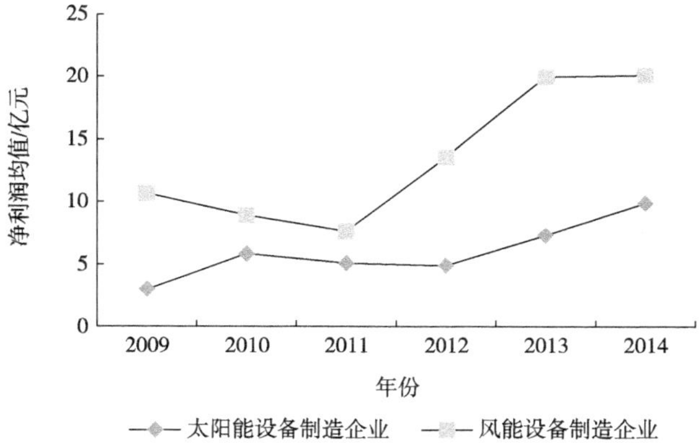

图 5.1　2009～2014 年两类新能源设备制造企业的净利润均值

图 5.2 和图 5.3 展示了两类企业补贴模式的变动特征。2009～2014 年风能与太阳能设备制造企业的直接补贴与非创新型补贴均显著高于间接补贴与创新型补贴，总体上创新型补贴在四类补贴模式中金额最低。整体而言，风能设备制造企业的补贴金额要高于太阳能设备制造企业。从细分行业来看，太阳能设备制造企业的直接补贴与非创新型补贴的波动趋势较为一致，较之于风能设备制造企业，这两类补贴模式与间接补贴、创新型补贴背离得较远。风能设备制造企业在 2009～2013 年四种补贴均经历了波动态势后，2014 年均反转上升，除了创新型补贴的升幅较小外，其他三种类型补贴均出现较大幅度增长。同样地，2009～2014 年太阳能设备制造企业四种补贴在经历波动后，除了创新型补贴于 2013 年后涨幅较小外，其余三种补贴均有较大的增幅。

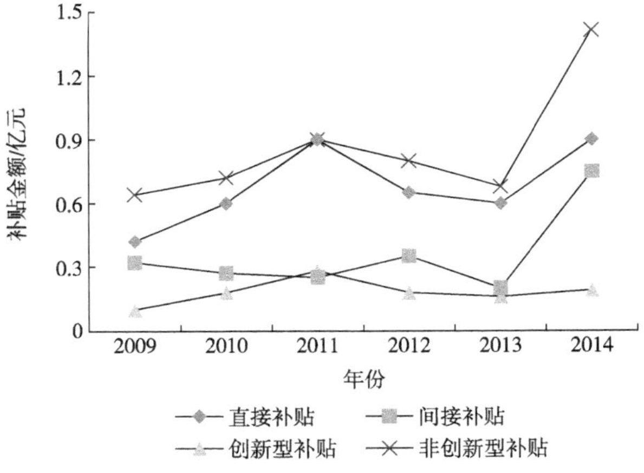

图 5.2　2009～2014 年补贴模式的特征分析（风能设备制造企业）

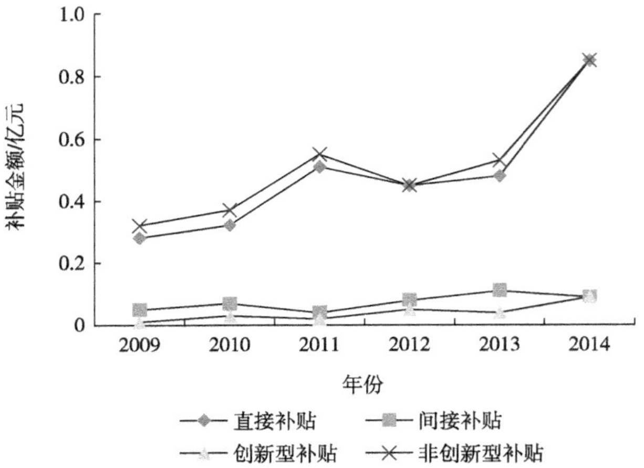

图 5.3　2009～2014 年补贴模式的特征分析（太阳能设备制造企业）

通过图 5.1～图 5.3 的分析，研究认为新能源设备制造企业 2013～2014 年财务绩效明显好转。而各种补贴中，间接补贴与创新型补贴金额在总补贴中所占份额相对较少，2009～2013 年两类新能源设备制造企业各种补贴模式呈现波动态势，但是 2013～2014 年，两类新能源设备制造企业各有三种补贴模式增幅较大。

（二）实证分析结果

在实证分析之前需要进行相关性检验。相关系数的绝对值中最大的为 0.3230，最小值为 0.0140，均小于 0.5，表明各解释变量与控制变量之间为弱相关。

1. 总样本的回归分析

首先分析总样本的估计结果。由 Hausman 值 0.0000 可知，式（5.1）和式（5.2）均选择固定效应模型。解释变量中直接补贴对企业财务绩效的影响不显著，而间接补贴模式与企业财务绩效呈现显著负向关系，显著性水平为 10%（表 5.2）。间接补贴每增加 1%，企业的净利润下降 0.0227%。通过分析参数估计值及显著性水平发现，对于新能源设备制造企业，中国政府的直接补贴未能明显提高其盈利能力；以税收、奖励为特征的间接补贴额度越大，反而可能削弱企业财务绩效，彰显出中国市场化的补贴机制亟待改善。与研究假设 H_2 不一致，无论是当期还是滞后二期的创新型补贴对新能源设备制造企业财务绩效的影响均不显著，而滞后二期的非创新型补贴则显著提升了企业的财务绩效，这表明非创新型补贴的作用具有一定的时间迟滞性。非创新型补贴每增加 1%，企业净利润上升 0.0973%。从控制变量来看，企业年龄、第一大股东所占比例与资本密集度均对企业财务绩效影响不显著。

表 5.2　总样本的估计结果

直接补贴与间接补贴模式			创新型补贴与非创新型补贴模式		
解释变量	固定效应	随机效应	解释变量	固定效应	随机效应
常量	17.3028*** （9.76）	17.1614*** （13.48）	常量	17.6254*** （7.75）	17.2036*** （11.25）
企业年龄	0.0784 （1.45）	0.0055 （0.27）	企业年龄	0.1088 （1.10）	−0.0006 （−0.02）
第一大股东所占比例	0.0586 （0.16）	−0.1266 （−0.47）	第一大股东所占比例	−0.1658 （−0.39）	−0.1724 （−0.56）
资本密集度	0.0701 （1.42）	0.1307** （2.72）	资本密集度	0.0360 （0.64）	0.0979* （1.89）
直接补贴	0.0298 （1.14）	0.0583** （2.28）	创新型补贴	−0.0263 （−1.42）	−0.0093 （−0.57）
间接补贴	−0.0227* （−1.69）	−0.0101 （−0.75）	非创新型补贴	0.0737* （2.13）	0.0973** （2.92）
Hausman 值	0.0000		Hausman 值	0.0000	

注：（　）里的数字为 t 统计量

***、**、*分别表示在 1%、5%、10%的水平上显著

2. 细分行业的回归分析

对比细分行业的估计结果。针对风能设备制造企业的直接补贴与间接补贴效应，Hausman 值为 0.5797，不能拒绝原假设，应选择随机效应模型。与总样本的回归分析结论不同，解释变量中直接补贴对公司财务绩效的影响在 10%的水平上显著，与假设 H_1 吻合。直接补贴每增加 1%，企业净利润上升 0.0460%；间接补贴则影响较弱。各控制变量中资本密集度对企业财务绩效作用程度较大，显著性水平达到 1%。针对创新型补贴与非创新型补贴模式，Hausman 值为 0.0000，拒绝原假设，采取固定效应模型，如表 5.3 所示，两种补贴对企业财务绩效的影响均不显著，旨在推进公司创新能力的研发、技术示范、老项目改造等补贴并没有取得预期的效果。风能设备制造企业的技术创新能力有待于进一步提升。

表 5.3　细分行业的估计结果（风能设备制造企业）

直接补贴与间接补贴模式			创新型补贴与非创新型补贴模式		
解释变量	固定效应	随机效应	解释变量	固定效应	随机效应
常量	10.9574*** （4.29）	9.7463*** （6.16）	常量	10.9475*** （4.27）	9.7827*** （6.21）
企业年龄	0.2435 （0.59）	0.2184 （0.69）	企业年龄	0.3303 （0.82）	0.3157 （1.03）
第一大股东所占比例	1.0016* （1.67）	0.5581 （1.51）	第一大股东所占比例	1.0129* （1.69）	0.5112 （1.39）
资本密集度	0.2774** （2.53）	0.4573*** （5.12）	资本密集度	0.2992** （2.71）	0.4811*** （5.34）

续表

直接补贴与间接补贴模式			创新型补贴与非创新型补贴模式		
解释变量	固定效应	随机效应	解释变量	固定效应	随机效应
直接补贴	0.0293 (1.22)	0.0460* (1.96)	创新型补贴	−0.0195 (−1.15)	−0.0069 (−0.40)
间接补贴	0.0111 (0.59)	0.0177 (0.94)	非创新型补贴	0.0205 (0.76)	0.0386 (1.47)
Hausman 值	0.5797		Hausman 值	0.0000	

注：( )里的数字为 t 统计量

***、**、*分别表示在 1%、5%、10%的水平上显著

太阳能设备制造企业的实证分析结果不同于风能设备制造企业。由表 5.4 的 Hausman 值可知，式（5.1）和式（5.2）均选择固定效应模型。太阳能设备制造企业获得的直接补贴并未同风能设备制造企业一样提高其财务绩效，两个变量之间呈现较弱的负相关关系，与假设 H_1 相反；间接补贴则显著削弱了企业的盈利能力，回归系数−0.0474 通过了 5%的显著性水平检验。企业年龄、第一大股东所占比例等控制变量均对企业财务绩效影响较弱。与假设 H_2 也相反，太阳能设备制造企业的创新型补贴反而降低了企业净利润。每增加 1%的创新型补贴，企业净利润降低 0.0484%，不过创新型补贴的负面作用滞后二期；当期与滞后一期的实证检验表明创新型补贴的影响并不显著。通过比较风能设备制造企业和太阳能设备制造企业的估计结果发现，后者因间接补贴与创新型补贴的回归系数均与假设相反，对其补贴政策改革的迫切性更强。

表 5.4 细分行业的估计结果（太阳能设备制造企业）

直接补贴与间接补贴模式			创新型补贴与非创新型补贴模式		
解释变量	固定效应	随机效应	解释变量	固定效应	随机效应
常量	19.763 39*** (7.01)	20.079 96*** (8.70)	常量	17.076 7*** (4.77)	17.192 6*** (6.19)
企业年龄	0.070 5 (1.07)	0.028 8 (0.91)	企业年龄	0.150 2 (1.39)	0.056 4 (1.58)
第一大股东所占比例	−0.235 5 (−0.49)	−0.494 2 (−1.24)	第一大股东所占比例	−0.270 2 (−0.55)	−0.537 3 (−1.36)
资本密集度	0.017 169 7 (0.29)	0.028 3 (0.48)	资本密集度	0.013 2 (0.22)	0.000 3 (0.01)
直接补贴	−0.040 0 (−0.63)	0.025 0 (0.41)	创新型补贴	−0.048 4** (−2.16)	−0.052 4** (−2.55)
间接补贴	−0.047 4** (−2.47)	−0.036 1* (−1.95)	非创新型补贴	0.036 2 (0.33)	0.199 6* (1.92)
Hausman 值	0.001 1		Hausman 值	0.003 6	

注：( )里的数字为 t 统计量

***、**、*分别表示在 1%、5%、10%的水平上显著

（三）稳健性检验

为验证实证分析结果的可靠性，对被解释变量企业财务绩效及控制变量资本密集度采用不同的测度方式重新检验。以净资产收益率替代企业净利润值，以上估计结果分析有着一致性；以总资产的存货比率替代资本密集度，研究结论同样具有一致性。因此，计量检验的结果具有稳健性。

第三节 新能源设备再制造企业的补贴模式

新能源设备再制造企业的补贴模式选择研究以光伏组件的回收处理为理论建模对象，这是因为：较之于风电设备、生物质能设备，我国光伏组件的回收制造问题更为突出。光伏组件中，电池板的寿命为20～30年，高温、大雪、沙尘暴等气候极端事件会加速电池板表面及内部的材料老化，降低电池板的功率输出；而电池板的随意丢弃会产生酸性物质，产生环境污染。中国是太阳能电池设备生产大国，2016年太阳能电池设备的总容量约为80兆瓦。在此情况下，仅20余年后，中国将面临极为严重的设备老化问题。依据国际太阳能光伏网数据统计，预计到2034年，中国光伏组件的累计废弃量将达到70兆瓦，2050年中国废弃的光伏组件将达到0.7亿吨。

西方发达国家或地区对于光伏设备制造产品的回收利用较为重视。早在2011年，欧盟的光伏回收计划实施过程中，回收率已近70%；2012年，欧盟将太阳能电池组件纳入欧盟报废电子电气设备目录；美国的一些公司如First Solar，也对光伏设备回收制造进行实践。

政府规制与激励对回收率的影响。政府的规制主要包括法律制度、惩罚机制等，而激励机制则指奖励与补贴。李健等（2008）指出，惩罚制度、生产商责任制度的构建有助于提高废旧资源的回收率；马辉和郭汉丁（2012）的研究表明，政府需指定一系列法律法规，从制度上保证废弃资源的回收率；沈翠芝和汪天松（2013）则强调了政府监管与力度的缺失是目前回收率低下的重要原因。补贴与奖励方面，Aksen等（2009）以二层规划模型为基础，建立政府补贴生产商的两个模型，模型推演显示，相同的回收率和收益率目标下，支持性比立法性政策需要政府提供更多的补贴；王文宾和达庆利（2011，2013）通过构建博弈模型发现奖惩机制下制造商提高了回收再制造废旧产品的回收率；Moh 和 Manaf（2014）通过评论马来西亚的固体废弃物回收指出，政府缺乏政策与推进计划是回收率低的因素之一。

影响回收率的其他因素大体包括成本结构（刘宝全等，2008）、回收基础设施与运营方式（Aarnio and Hämäläinen, 2008）、回收系统与分拣系统的集约化（Fricke et al.，2011）等。

一、模型与假设

新能源设备的回收再制造区别于一般家电等废旧物资回收，具体表现在：①回收商而非新能源设备再制造企业具有价格领导权，因回收商可以将产品售予除新能源设备再制造企业外的大量非法加工企业。基于此，回收商首先根据自己利益最大化选择回收价格；②从理论研究与政策实践来看，废旧家电的回收多是基于回收率建立补贴机制（Aksen et al.，2009；王文宾和达庆利，2010），而美国、日本等国的经验及中国的实践却表明，回收再制造政策激励依赖于回收率，其补贴模式主要包括税收优惠、原料供应补贴、产成品销售补贴及投资补贴，其中投资补贴在中国是较为常用的激励方式。如图 5.4 所示，将以上四种补贴模式纳入动态博弈模型，考虑由回收商和新能源设备再制造企业构成的逆向供应链，两个博弈方均为风险中性，且信息完全对称。回收商的回收率为 τ，收购价格为 w；回收商单位成本为 c。回收废旧光伏产品需要固定投资 I 为回收网络的建设投资等，借鉴 Savaskan 等（2004）对废旧家电回收的研究，设 $I = b\tau^2$，b 为回收难度系数，且回收产品全部用于生产光伏产品后，产成品率为 λ。设新能源设备再制造企业的产成品价格为 p，单位产成品的成本为 c_r。沿用 Feffer 和 Swaminathan（2006）的研究，资源化的产品需求函数设为 $q = \varphi - p$，其中 $\varphi > 0$ 为基本市场规模。

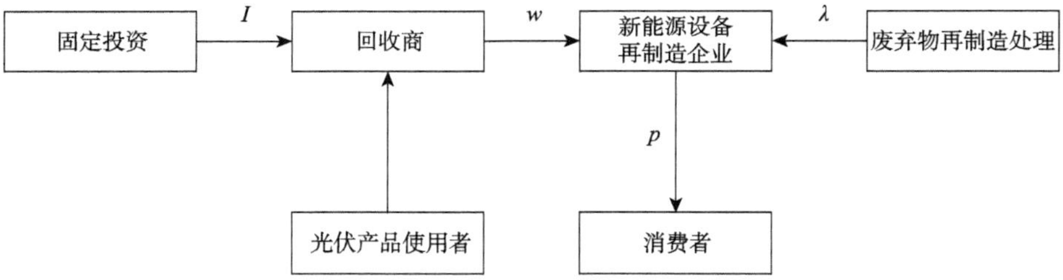

图 5.4　逆向供应链的一般结构示意图

二、新能源设备再制造企业的补贴模式决策模型

（一）无补贴激励政策情形下决策模型

该情形下新能源设备再制造企业最大化收益函数为

$$\pi_w = q(\varphi - q - w - c_r) \tag{5.3}$$

相应地，回收商收益函数为

$$\pi_r = \frac{q}{\lambda}(w - c) - b\tau^2 \tag{5.4}$$

$$\text{s.t.}\ 0 \leqslant \lambda \leqslant 1 \tag{5.5}$$

显然，$\frac{\partial^2 \pi_w}{\partial q^2} < 0$、$\frac{\partial^2 \pi_r}{\partial w^2} < 0$，即 π_w 与 π_r 分别是以 q 与 w 为变量的凸函数，有最大值。另由于回收商是 Stackelberg 领导者，采取逆向归纳法，首先令 π_w 对 q 值求偏导，得

$$q^* = \frac{\varphi - w - c_r}{2} \tag{5.6}$$

将式（5.6）代入式（5.4），令 π_r 对 w 求偏导，得

$$w^* = \frac{\varphi + c - c_r}{2} \tag{5.7}$$

将式（5.6）、式（5.7）分别代入式（5.3）、式（5.4），得到无补贴政策激励的情形下新能源设备再制造企业与回收商的利润函数：

$$\pi_w = \frac{1}{16}(\varphi - c - c_r)^2 \tag{5.8}$$

$$\pi_r = \frac{1}{8\lambda}(\varphi - c - c_r)^2 - b\tau^2 \tag{5.9}$$

（二）不同补贴模式下的决策模型

1. 税收优惠

设政府依据企业所得给予新能源设备再制造企业税收优惠，则

$$\pi_w^t = (1 + t)q(\varphi - q - w - c_r) \tag{5.10}$$

令 π_w^t 对 q 值求偏导，将解得的 q^t 值代入式（5.4），求得均衡时的 w^t。将 q^t、w^t 分别代入式（5.8）、式（5.9），得

$$\pi_w^t = \frac{(1+t)}{16}(\varphi - c - c_r)^2 \tag{5.11}$$

$$\pi_r^t = \frac{1}{8\lambda}(\varphi - c - c_r)^2 - b\tau^2 \tag{5.12}$$

较之于无补贴激励政策情形，补贴后新能源设备再制造企业利润上升，而回收商利润值不变。

2. 原料供应价格补贴

给予新能源设备再制造企业原料供应价格补贴后，该企业收购成本降低，其利润函数为

$$\pi_w^s = q\left[\varphi - q - (w - s) - c_r\right] \tag{5.13}$$

求得均衡 $q^s = \dfrac{\varphi - w - c_r + s}{2}$，将其代入式（5.4），解得 $w^s = \dfrac{\varphi + c - c_r + s}{2}$。于是均衡时：

$$\pi_w^s = \frac{1}{16}(\varphi - c - c_r + s)^2 \tag{5.14}$$

$$\pi_r^s = \frac{1}{8\lambda}(\varphi - c - c_r + s)^2 - b\tau^2 \tag{5.15}$$

显然，原料供应价格补贴后回收商收益要优于实施税收优惠政策情形，即

$$\pi_r^s = \frac{1}{8\lambda}(\varphi - c - c_r + s)^2 - b\tau^2 > \pi_r^t = \frac{1}{8\lambda}(\varphi - c - c_r)^2 - b\tau^2 \tag{5.16}$$

而针对新能源设备再制造企业，$\pi_w^s = \dfrac{1}{16}(\varphi - c - c_r + s)^2$ 是否大于 $\pi_w^t = \dfrac{(1+t)}{16}(\varphi - c - c_r)^2$ 取决于 s 、t 的取值。

3. 产成品销售补贴

政府给予新能源设备再制造企业产成品销售补贴后，可以在一定程度上弥补企业经营成本，其利润函数为

$$\pi_w^d = q(\varphi - q - w - c_r) - dq \tag{5.17}$$

解得均衡时：

$$q^d = \frac{\varphi - w - c_r + s}{2}$$

$$w^d = \frac{\varphi + c - c_r + s}{2}$$

代入式（5.3）、式（5.4），解得

$$\pi_w^d = \frac{1}{16}(\varphi - c - c_r + d)^2$$

$$\pi_r^d = \frac{1}{8\lambda}(\varphi - c - c_r + d)^2 - b\tau^2$$

与原料供应价格补贴结论相同，因此后面将原料供应价格补贴和产成品销售补贴一起分析。

4. 投资补贴

设新能源设备再制造企业的产出满足 Cobb-Douglas 生产函数 $Y = AK^{\alpha}L^{\beta}$，两边取对数，则投资量 $\ln K = \frac{1}{\alpha}(\ln Y - \ln A - \beta \ln L)$，设企业技术不变，劳动力为固定值，则令 $a = \ln A + \beta \ln L$、$q = \ln Y$，因此，新能源设备再制造企业与回收商的利润分别为

$$\pi_w^e = q(\varphi - q - w - c_r) + e\left(\frac{q-a}{\alpha} - I_0\right) \tag{5.18}$$

$$\pi_r^e = \frac{q}{\lambda}(w - c) - b\tau^2 \tag{5.19}$$

由均衡时的 q^e、π^e 解得

$$\pi_w^e = \frac{1}{16}\left(\varphi - c - c_r + \frac{e}{\alpha}\right)^2 - e\left(\frac{a}{\alpha} + I_0\right) \tag{5.20}$$

$$\pi_r^e = \frac{1}{8\lambda}\left(\varphi - c - c_r + \frac{e}{\alpha}\right)^2 - b\tau^2 \tag{5.21}$$

由式（5.21），补贴后回收商利润上升，而补贴对新能源设备再制造企业利润的影响却是不确定的。

三、数值算例

通过算例比较不同补贴模式对于新能源设备再制造企业利润及回收商利润的影响。设某废弃食用油炼制生物燃料企业的有关参数为：τ =0.5，λ=0.3，φ=100，c=10，c_r=20，b=250。四种补贴模式的取值范围：税收优惠率值 t 为 0～1；原料供应价格补贴及产成品销售补贴值 s 为 0～5；投资补贴中 a 与 I_0 分别取值为 50 与 80；α 为 0.5。依据所建模型得到的利润最优解如图 5.5～图 5.7 所示。

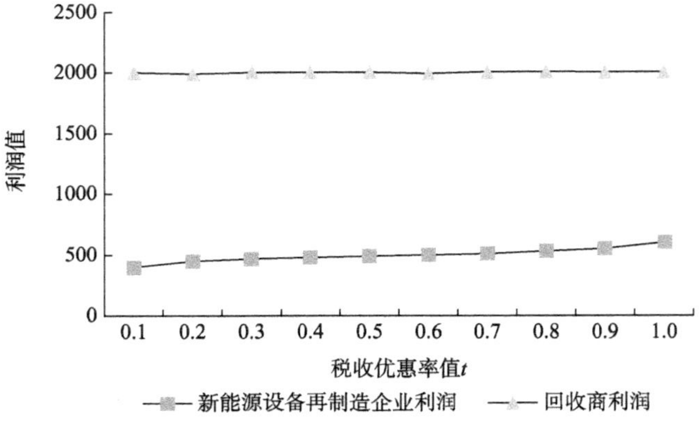

图 5.5　新能源设备再制造企业与回收商利润随税收优惠率变化情况

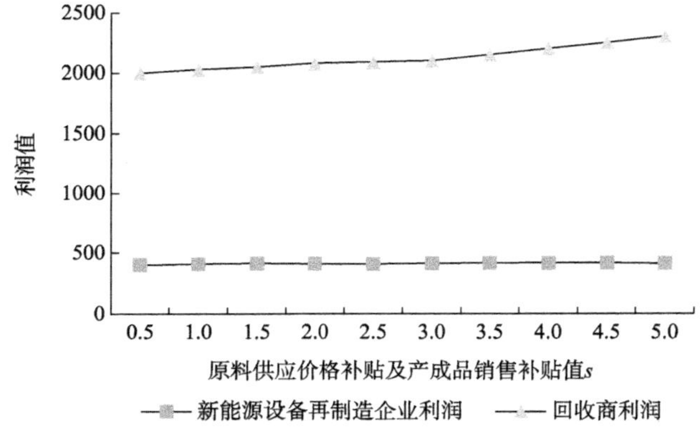

图 5.6　新能源设备再制造企业与回收商利润随原料供应价格补贴及产成品销售补贴变化情况

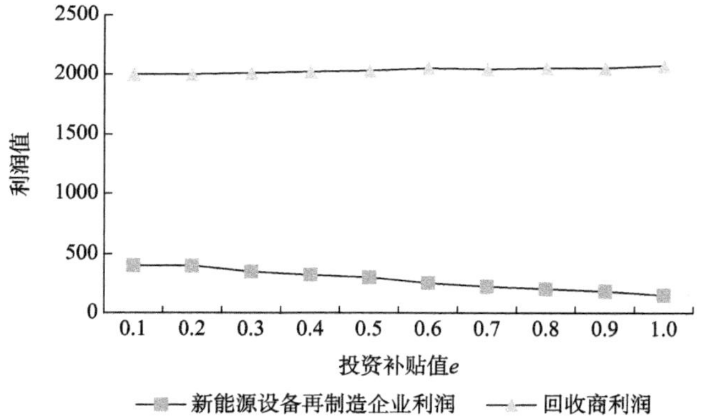

图 5.7　新能源设备再制造企业与回收商利润随投资补贴变化情况

从回收商利润的趋势来看，原料供应价格补贴及产成品销售补贴值的影响较大，由初期$s=0.5$的2008.44上升至$s=5$时的2281.25；而实施投资补贴时，回收商利润由初期的1990.84（$e=0.1$）上升至末期的2097.50（$e=1.0$）；而实施税收优惠政策，对回收商利润无影响。进一步地，当原料供应价格补贴及产成品销售补贴值s大于2后，回收商利润已经超过实施投资补贴时的回收商利润最大值。

对比分析图5.5～图5.7，税收优惠率对再制造企业利润的影响最大，由初期$t=0.1$时的336.87攀升至$t=1.0$时的612.50；原料供应价格补贴及产成品销售补贴值的影响居次，由310.64（$s=0.5$）升至351.56（$s=5$）。而进一步，只需实施较小的税收优惠率（$t=0.2$），新能源设备再制造企业利润值便越过实施原料供应价格补贴及产成品销售补贴时的最大值。

不同于以上三种补贴模式，随着投资补贴值的增加，新能源设备再制造企业利润却呈现下降态势。一种可行的解释是，政府给予再制造企业一次性的投资补贴，使得企业的规模扩大成为可能，而在原料供应严重不足的情况下，企业规模的扩张可能加剧经营风险，企业的利润降低；较之于投资补贴，价格补贴与产成品销售补贴虽然同样可以弥补企业经营的成本，但是却具有一定的持续性，更有利于企业应对原料供应风险。

第四节　结　　语

本章构建了面板数据模型，分析不同补贴模式与新能源设备制造企业的财务绩效关系。从样本总体来看，间接补贴与非创新型补贴均对新能源设备制造企业的财务绩效有显著影响，然而前者的相关系数为负值，表明税收、奖金等市场化的机制非但没有起到政府预期作用，反而会削弱公司的盈利能力；针对直接补贴与创新型补贴的检验结果与假设H_1、H_2不一致。从细分行业来看，风能设备制造企业的补贴作用要略好于太阳能设备制造企业。对风能设备制造企业的直接补贴取得了一定的成效，假设检验H_1得到支持；间接补贴、创新型补贴、非创新型补贴的作用均不明显。太阳能设备制造企业获得的间接补贴与创新型补贴都显著降低了公司盈利能力，表明对这一行业的补贴政策需要进一步商榷。

针对新能源设备产品回收再制造过程中存在的原料供应不足及产成品销售不畅两大难题，构建了基于新能源设备再制造企业与回收商的动态博弈模型，并在提炼废旧光伏产品回收特征的基础上，将补贴模式分为税收优惠、原料供应价格补贴、产成品销售补贴及投资补贴四类，比较不同补贴模式对各博弈方收益的影响。研究结果表明，原料供应价格补贴及产成品销售补贴的实施效果相同，均增加了新能源设备再制造企业及回收商的利润；税收优惠政策对新能源设备再制造企业利润影响显著，但是对回收商利润无显著影响；相反，投资补贴在提高回收商利润的同时，降低了新能源设备再制造企业的收益。

本章的研究可以从以下两个方面进行拓展：①新能源设备再制造企业与回收商信息不对称时，如何设定各博弈方的收益函数；②考虑存在消费者、非法生产厂商等多个博弈方情形时，由于每个博弈方是一具有自适应能力的代理商，以各自利润值为行为函数，通过设定不同的补贴模式，研究收益随税收优惠、原料供应价格补贴、投资补贴等因素的变动情况，以及为了实现各博弈方的策略调整行为。

第六章 政府补贴改革与政策设计

本书首先从新能源设备制造业补贴的表象因素及内在逻辑两个方面诠释了补贴政策改革的必要性，其中表象因素主要为产能过剩；内在逻辑为新能源设备制造业发展的技术特征。其次，在风能、太阳能、生物质能三类新能源设备制造业的基础上，描述了补贴政策的缘起、演变，进而采用内容分析法，从基本政策工具和企业价值链两个维度对重点遴选的两类新能源设备制造业补贴政策文本进行比较。针对发达国家的新能源设备制造业补贴政策，本书按两种不同标准将其归纳为直接补贴政策和间接补贴政策，创新型补贴和非创新型补贴政策，并分析其对技术创新、产成品消费及新能源产业发展前景的影响。在明晰新能源设备制造业技术发展缺陷及现行补贴政策特征之后，采用门槛回归模型确定补贴的最优规模；将企业净利润作为新能源设备制造企业财务绩效的测度指标，对比分析直接补贴与间接补贴、创新型补贴与非创新型补贴对企业财务绩效影响的差异性；构建动态博弈模型并加以算例，研究不同补贴模式对利益相关者的影响。最后分别遴选了两家风能与太阳能设备制造企业，对补贴的总量、结构特征、企业财务绩效进行了案例研究，并探求影响政府补贴效果的因素。具体结论如下。

第一节 研究结果总结

（1）从产能来看，补贴政策虽然在一定程度上提升了新能源设备制造业的竞争力，但是补贴过度可能扭曲对企业投资行为，导致产能过剩。

（2）从技术发展特征来看，专利申请数量与政策的推动有着极大的关联。海上风电关键技术从 2006～2013 年进入快速增长阶段，到 2014 年又有所下降。技术的区域分布具有明显的经济倾向性，即东部地区的专利申请数量明显高于中、西部地区，其中海上风电装备制造技术的区域分布排名前 10 位的省市中有 9 位在东部地区，西部地区仅 1 个省份，中部地区尚无省区市进入榜单。通过分析专利的类型发现，太阳能光伏设备产量在世界产量中占据较高比重，然而核心技术较为缺乏；海上风电装备制造技术的发明与实用新型专利占有绝对比重，关键技术的创新程度要好于光伏设备制造业。由技术结构，进一步发现，海上风电的电机、水利工程和船舶推进装置技术水平，以及太阳能光伏的多晶硅与非晶硅电池技术、电能转换装置等技术水平亟待提升。由专利的申请人可知，无论是海上风电还是光伏设备制造，均是企业与科研院所的申请数量居多，而自然人偏少。

（3）从国际经验来看，间接补贴的共性特征明显。由英国、丹麦、美国、德国、印度、日本、巴西等七个典型国家的新能源设备制造业的补贴政策比较分析可知，补贴的新能源品种与力度很大程度上依赖于资源禀赋。相当一部分国家制定了研发补贴政策，不过需要注意的是，研发补贴可以采取直接补贴的形式，也可以低息贷款的方式支持；补贴的目标并不仅限于技术供给，也可能涉及技术扩散的推广项目。间接补贴政策具有共性特征，即信贷优惠与税收减免得到了广泛应用，这一点值得我国借鉴。此外，少数国家部分补贴政策着眼于新能源设备制造业的外向与内向国际化，并合理设计了补贴额度和补贴对象的动态调整政策，对于我国产能过剩问题的解决有一定的启示意义。就发售电补贴政策而言，其形式可以多元化，将竞价机制引入发售电政策，有助于减少成本。

（4）从补贴的基本政策工具选择来看，我国信贷优惠政策偏少。通过政策分析不难看出，两类新能源设备制造业的共同点在于，间接补贴政策中的信贷优惠政策数量很少。进一步地对比两类新能源设备制造业的补贴的基本政策工具，风能设备制造业对间接补贴政策比直接补贴政策更为重视；太阳能设备制造业财政补贴政策数量所占比重要远多于税收、现金奖励政策。由企业价值链，两类新能源设备制造企业的补贴政策均关注下游，但相对于太阳能设备制造业，政府对风能设备制造业的补贴政策还侧重于制造环节，意味着如果单从补贴的基本政策工具支持来看，风能设备制造业的技术创新可能更有潜力。

（5）从补贴规模来看，政府补贴与产能利用率的关系为非线性。政府补贴对产能利用率的影响存在门槛效应及最佳的门槛值。太阳能与风能设备制造业的政府补贴均存在一个门槛值。政府补贴的规模在风能与太阳能设备制造业之间具有明显的差异性，对于风能设备制造业，政府补贴一旦越过门槛值，产能利用率会增加，说明补贴需要具有一定的强度；然而对于太阳能设备制造业则正好相反，补贴要适可而止，因为即使补贴落入相对有效的区间，也会造成产能过剩风险。

（6）从新能源设备制造业的补贴模式来看，间接补贴与非创新型补贴对企业财务绩效影响显著。针对总样本的分析表明，间接补贴与非创新型补贴均对新能源设备制造企业的财务绩效有显著影响，然而前者的回归系数为负值，表明税收、奖金等市场化的机制非但没有起到政府预期作用，反而削弱了公司的盈利能力；创新型补贴未能起到成效，这意味着用于新能源设备制造企业研发、技术示范等技术创新的资助未能显著提升公司的财务绩效。从分行业来看，对风能设备制造企业的直接补贴取得一定的成效，太阳能设备制造企业获得的间接补贴与创新型补贴都显著降低了公司盈利能力，表明对这一行业的补贴政策需要进一步商榷。

（7）从新能源设备再制造企业的补贴模式来看，投资补贴的效果最弱。实施原料供应价格补贴及产成品销售补贴后，新能源设备再制造企业与回收商利润均得到了提升；而税收优惠政策虽然较大幅度增加了新能源设备再制造企业利润，但是对回收商收益无显著影响；尽管投资补贴在中国一些区域较为普遍，理论模型却证明，该补贴模式在增加回收商利润的同时，却反向降低了新能源设备再制造企业的收益。

第二节　补贴政策改革与政策设计

综合以上研究结论，分别从补贴的技术重点、如何借鉴国外的经验、补贴规模、补贴模式选择、补贴资金监控等方面提出政策建议。

一、明确技术支持重点，加强区域、企企、行企合作

加大船舶推进、水利工程等技术研发，调整技术支持重点。风能设备的制造技术，尤其是风力发动机技术已得到了一定程度的提升，政府可考虑将对关键技术的政策支持重点调整到辅助性却对于项目实施至关重要的船舶推进装置、水利工程上。由于部分风能及太阳能核心技术不成熟、资金投入与风险“双高”，需加强企企、行企合作，可在一定程度上加强信息、资金支持，分散部分风险。

重视失效专利，提升关键技术的产业化能力。一方面，通过光盘、网络等方式获取失效专利，并建立专利特色数据库，从而实现失效专利文献资源的共享；另一方面，针对失效专利的两大成因，高校、科研机构与企业在自主研发过程中充分进行行业专利信息调研跟踪，防止侵权风险；政府在保护知识产权的同时，还应推进新能源设备制造业关键技术的产业化能力。为此，政府应当

创造有利于企业、院校和科研机构进行合作研究的政策法律环境，支持企业、大学及科研院所组建产学研联盟，围绕专利申请数量不足的先进领域进行联合研发并促进其转化。

二、借鉴发达国家经验，补贴着力于产业链的整合

发达国家的经验表明，从产业链的角度给予新能源设备制造业以支持能有效地推进该产业的发展，因此，可以考虑的是上游研发和技术扩散的补贴政策，包括对科研人员、推广示范项目的激励；下游发电售电政策的多元化；在不违反 WTO 规则的情况下，适当考虑运用推进产品或投资外向国际化的优惠政策。通过产业链的整合，以下游电力消费、新能源设备制造业的海外投资带动产业发展。

三、差异化补贴规模，抵御产能过剩风险

首先，借助于宏观经济波动、拉动市场需求以解决产能过剩难题很难奏效，实行补贴政策改革是应对产能过剩风险的可行措施。其次，当前太阳能设备制造企业所获得的政府补贴须慎重，应控制在一定的规模之内；对于风能设备制造企业，可以适度增加补贴，尤其是对少数补贴金额低于门槛值的企业需要增加补贴力度，进而发挥其对产能利用率的正向作用。最后，从补贴结构来看，政府应增加两类新能源设备制造企业总补贴中创新型补贴及间接补贴比重，而较之于风能设备制造企业，太阳能设备制造企业的补贴结构更是亟待优化。通过补贴结构的改变来提升新能源设备制造企业的技术创新能力与竞争力，有助于抵御产能过剩的风险。

四、优化补贴模式，提高新能源设备制造企业的技术创新能力

为优化补贴模式，需要在新能源设备原始制造方面着力于以下几个方面。

1. 完善市场化的补贴机制

依据新能源设备制造企业的规模、技术水平、企业财务绩效等标准细化税收、奖金等补贴机制。

2. 改革创新型补贴机制

创新型补贴可以继续细分为技术供给与技术扩散两种补贴模式，前者主要指为技术研发提供资助，而后者则侧重于技术的推广与示范。企业年报分析揭示，新能源设备制造企业的研发补贴占有相当一部分比例，用于技术扩散的补贴则相对不足，这在一定程度上削弱了科技成果的转化。因此政府在加强补贴发放审核、监管的同时，应增加技术扩散补贴在创新型补贴中的比例。

3. 补贴政策应考虑行业的差异性

以上政策改革的重点应是太阳能设备制造企业，注意该类企业创新型补贴负向影响的时滞性；对于风能设备制造企业，在完善间接补贴、创新型补贴机制的同时，可适度增加直接补贴金额。

4. 适度增加信贷优惠政策

在政府的众多补贴政策中，间接补贴政策中的信贷优惠政策数量很少，这侧面反映出我国新能源设备制造业产业资本不够活跃，外来动力不足，这也是相当一部分企业因资金问题发展受到限制甚至连进入行业的资格都没有的一大原因。所以，政府可以继续在信贷优惠方面出台更多补贴政策，不仅是国有银行等金融机构，还可以适当放开，引入民营资本，为新能源设备制造业注入更多的动力。

5. 在风能、太阳能设备回收再制造方面提出以下补贴模式改革政策目标

（1）优先制定原料供应补贴与产品销售补贴政策。考虑到原料供应不足是回收再制造的一大障碍，因而如何激励供应链，使得废旧光伏、风能设备产品等流向正规新能源设备再制造企业而不是非法加工企业是当前亟待解决的问题，基于此，补贴政策的设计应考虑两个方面：一是减少新能源设备再制造企业的亏损；二是提升回收商的收益，激励其将废旧产品售予正规新能源设备再制造企业。对比四种补贴模式可知，尽管税收优惠政策能够大幅度提高回收新能源设备再制造企业利润，却对回收商收益无影响，即这一补贴模式的影响对象是单一的；而原料供应价格补贴与产成品销售补贴则可较好地解决以上亟待解决的两大难题，以上两种模式的选择也在一定程度上验证了美国、日本、巴西等的新能源设备再制

造企业举足轻重的国家原料供应价格补贴和产成品销售补贴政策制定的合理性。

（2）谨慎实施投资补贴。本书的理论模型与仿真证明了随着投资额度的增加，回收商利润得到提升，而新能源设备再制造企业的利润逐步下降。理论模型也验证了这一政策值得商榷。至少从目前来看，对于新建的新能源设备再制造企业，给予的投资补贴应适可而止；而对于已经给予补贴的新能源设备再制造企业，应加强对企业生产运营的管理。

（3）税收优惠政策是推进新能源设备回收再制造的次优政策。税收优惠政策对新能源设备再制造企业的影响存在临界值，当超过临界值时，税收优惠政策对新能源设备再制造企业利润的提升幅度超过其他三种补贴模式。政策仿真证明，较小的税收优惠政策可以使新能源设备再制造企业利润有大幅攀升，因而，在以再制造企业利润为政策导向的情况下，该模式能够实现政府预期目标。

五、构建资金流向的反馈体系，提高补贴资金的使用效率

考虑到企业在获取补贴资金的过程中存在“寻租”或“掠夺之手”现象，资金在发放和使用过程中缺乏有效的监督及反馈机制，可能导致政府与企业之间在补贴资金的发放上不按规定执行，或者企业将资金挪为他用，造成国家资源的浪费。例如，近些年发生的几起太阳能热水器爆炸事件，其原因在于企业偷工减料，在降低成本的同时质量不过关，进而对人身造成伤害。

由此构建资金流向的反馈体系极为必要，通过有效地监控，政府可以第一时间了解资金的运行过程，以便在下次实施时及时改进。补贴资金使用效率的提高可以在一定程度上改善新能源设备制造企业的经营管理，减少产品的事故发生率和企业亏损程度。

参 考 文 献

陈明明，张国胜，孙秀. 2016. 国有企业、政府补贴与企业创新供给——基于上市工业企业的实证研究. 当代财经，（10）：34-44.

陈剩勇，孙仕祺. 2013. 产能过剩的中国特色、形成机制与治理对策——以1996年以来的钢铁业为例. 南京社会科学，（5）：7-14.

陈振明. 2004. 政府工具研究与政府管理方式改进——论作为公共管理学新分支的政府工具研究的兴起、主题和意义. 中国行政管理，（6）：43-48.

杜伟杰，陈钢，高宇. 2011. 发展新能源产业的补贴模式研究. 经济论坛，（11）：99-102.

耿强，江飞涛，傅坦. 2011. 政策性补贴、产能过剩与中国的经济波动——引入产能利用率RBC模型的实证检验. 中国工业经济，（5）：27-36.

顾群. 2015. 政府补贴与企业创新投入、创新模式的关系——来自科技型中小企业的经验证据. 财会月刊，（32）：74-76.

韩秀云. 2012. 对我国新能源产能过剩问题的分析及政策建议——以风能和太阳能行业为例. 管理世界，（8）：171-172，175.

黄萃，徐磊，钟笑天，等. 2014. 基于政策工具的政策-技术路线图（P-TRM）框架构建与实证分析——以中国风机制造业和光伏产业为例. 中国软科学，（5）：76-84.

冷建飞，王凯. 2007. 补贴对农业上市公司盈利的影响研究——基于面板数据模型的分析. 江西农业学报，（19）：134-137.

李健，赵乾，崔宏祥，等. 2008. 基于国情的废旧电池回收利用模式研究. 中国软科学，（9）：39-45.

刘宝全，季建华，张弦. 2008. 废旧产品再制造环境下的产品定价和再制造方式分配. 管理工程学报，（3）：74-78.

刘德胜，张玉明. 2010. 政府研发资助驱动SME研发及其效果研究. 软科学，24（7）：27-31.

马辉，郭汉丁. 2012. 废旧电器回收再循环体系的构建. 中国科技论坛，（5）：64-67.

宓翠，袁旭梅，孟卫东. 2010. 基于专利地图技术的我国风电产业专利竞争情报研究. 情报杂志，29（11）：39-43.

倪云林，辛华龙，刘勇. 2009. 我国海上风电的发展与技术现状分析. 能源工程，（4）：21-25.

彭熠，胡剑锋. 2009. 财税补贴优惠政策与农业上市公司经营绩效——实施方式分析与政策启示. 四川大学学报（哲学社会科学版），（3）：14，86-94.

申香华. 2010. 成长空间、盈亏状况与营利性组织财政补贴绩效——基于 2003—2006 年河南省和江苏省上市公司的比较研究. 财贸经济，(9)：64-69.
沈翠芝，汪天松. 2013. 政府激励对废旧家电回收处理的影响分析. 山西师范大学学报（自然科学版），27（3）：123-128.
史丹. 2012. 我国新能源产能"过剩"的原因与解决途径. 中国能源，34（9）：5-8，30.
孙鹏，聂普焱. 2013. 新能源产业规制：研发补贴与支持价格的相机抉择. 当代财经，(4)：94-105.
谭思明，张卓群，赵霞，等. 2011. 海上风电领域国际专利竞争态势分析. 现代情报，31（9）：22-27.
唐清泉，罗党论. 2007. 政府补贴动机及其效果的实证研究——来自中国上市公司的经验证据. 金融研究，(6)：149-163.
陶学荣. 2006. 公共政策学. 大连：东北财经大学出版社：66-67.
童光荣，高杰. 2004. 政府 R&D 支出的就业乘数效应研究. 中国软科学，(8)：109-113.
汪秋明，韩庆潇，杨晨. 2014. 战略性新兴产业中的政府补贴与企业行为——基于政府规制下的动态博弈分析视角. 财经研究，40（7）：43-53.
王立国，赵琳，高越青. 2011. 谨防风电设备、多晶硅行业性产能过剩的风险. 宏观经济研究，(5)：38-45，63.
王文宾，达庆利. 2010. 考虑政府引导的电子类产品逆向供应链奖惩机制设计. 中国管理科学，18（2）：62-67.
王文宾，达庆利. 2011. 奖惩机制下闭环供应链的决策与协调. 中国管理科学，19（1）：36-41.
王文宾，达庆利. 2013. 奖惩机制下具竞争制造商的废旧产品回收决策模型. 中国管理科学，21（5）：50-56.
王晓珍，彭志刚，高伟，等. 2016. 我国风电产业政策演进与效果评价. 科学学研究，34（12）：1817-1829.
王一卉. 2013. 政府补贴、研发投入与企业创新绩效——基于所有制、企业经验与地区差异的研究. 经济问题探索，(7)：138-143.
吴剑峰，杨震宁. 2014. 政府补贴、两权分离与企业技术创新. 科研管理，(12)：54-61.
武咸云，陈艳，杨卫华. 2016. 战略性新兴产业的政府补贴与企业 R&D 投入. 科研管理，(5)：19-23.
肖国华，熊树明，张娴. 2007. 专利地图设计制作及影响因素分析. 情报理论与实践，(3)：372-377.
谢旭轩，王仲颖，高虎. 2013. 先进国家可再生能源发展补贴政策动向及对我国的启示. 中国能源，(8)：15-19.
严静，张群洪. 2014. 中国可再生能源电价补贴及对宏观经济的影响. 统计与信息论坛，29（10）：46-51.
杨洋，魏江，罗来军. 2015. 谁在利用政府补贴进行创新?——所有制和要素市场扭曲的联合调节效应. 管理世界，(1)：75-86，98，188.
杨振. 2013. 激励扭曲视角下的产能过剩形成机制及其治理研究. 经济学家，10：48-54.
张成福，党秀云. 2001. 公共管理学. 北京：中国人民大学出版社：77-78.
张嵎喆，王俊沣. 2013. 光伏产业困局的成因与对策. 宏观经济管理，(4)：45-47.

赵中华，鞠晓峰. 2013. 技术溢出、政府补贴对军工企业技术创新活动的影响研究——基于我国上市军工企业的实证分析. 中国软科学，(10)：124-133.

钟春平，潘黎. 2014. “产能过剩”的误区——产能利用率及产能过剩的进展、争议及现实判断. 经济学动态，(3)：35-47.

周劲，付保宗. 2011. 产能过剩的内涵、评价体系及在我国工业领域的表现特征. 经济学动态，(10)：58-64.

朱平芳，徐伟民. 2003. 政府的科技激励政策对大中型工业企业 R&D 投入及其专利产出的影响——上海市的实证研究. 经济研究，(6)：45-53，93.

Aarnio T，Hämäläinen A. 2008. Challenges in packaging waste management in the fast food industry. Resources，Conservation and Recycling，52（4)：612-621.

Aksen D，Aras N，Karaarslan A G. 2009. Design and analysis of government subsidized collection systems for incentive-dependent returns. International Journal of Production Economics，119（2)：308-327.

Almus M，Czarnitzki D. 2003. The effects of public R&D subsidies on firms innovation activities：the case of eastern Germany. Journal of Business & Economic Statistics，21（2)：226-236.

Balsari C，Ucdogruk Y. 2008. The impact of investment and R&D subsidies on firm performance：evidence from Istanbul stock exchange. MIBES Transactions，2（1)：1-12.

Batlle C. 2011. A method for allocating renewable energy source subsidies among final energy consumers. Energy Policy，39：2586-2595.

Beason R，Weinstein D E. 1996. Growth，economies of scale，and targeting in Japan（1955-1990）. The Review of Economics and Statistics，78（2)：286-295.

Benson C L，Magee C L. 2014. On improvement rates for renewable energy technologies：solar PV，wind turbines，capacitors，and batteries. Renewable Energy，68：745-751.

Bergström F. 2000. Capital subsidies and the performance of firms. Small Business Economics，14（3)：183-193.

Betcherman G，Daysal N M，Pagés C. 2010. Do employment subsidies work? Evidence from regionally targeted subsidies in Turkey. Labour Economics，17（4)：710-722.

Boccard N. 2009. Capacity factor of wind power realized values vs. estimates. Energy Policy，37(7)：2679-2688.

Briggs R J J，Kleit A. 2013. Resource adequacy reliability and the impacts of capacity subsidies in competitive electricity markets. Energy Economics，40：297-305.

Busom I. 2000. An empirical evaluation of the effects of R&D subsidies. Economics of Innovation and New Technology，9（2)：111-148.

Chang T P，Liu F J，Ko H H，et al. 2014. Comparative analysis on power curve models of wind turbine generator in estimating capacity factor. Energy，73：88-95.

Clausen T H. 2009. Do subsidies have positive impacts on R&D and innovation activities at the firm level?. Structural Change and Economic Dynamics，20（4)：239-253.

Connolly H，Gottschalk P. 2009. Do earnings subsidies affect job choice? The impact of SSP subsidies on job turnover and wage growth. The Canadian Journal of Economics，42（4)：

1276-1304.

Daim T, Iskin I, Li X, et al. 2012. Patent analysis of wind energy technology using the patent alert system. World Patent Information, 34 (1): 37-47.

David P A, Hall B H, Toole A. 2000. Is public R&D a complement or substitute for private R&D? A review of the econometric evidenc. Research Policy, (4/5): 497-529.

Dubaric E, Giannoccaro D, Bengtsson R, et al. 2011. Patent data as indicators of wind power technology development. World Patent Information, 33 (2): 144-149.

Dumont M, Spithoven A, Teirlinck P. 2016. Public support for R&D and the educational mix of R&D employees. CESifo Economic Studies, 62 (3): 426-452.

Fagiani R, Barquín J, Hakvoort R. 2013. Risk-based assessment of the cost-efficiency and the effectivity of renewable energy support schemes: certificate markets versus feed-in tariffs. Energy Policy, 55: 648-661.

Ferrer G, Swaminathan J M. 2006. Managing new and remanufactured products. Management Science, 52 (1): 15-26.

Flora R, Marques A C, Fuinhas J A. 2014. Wind power idle capacity in a panel of European countries. Energy, 66: 823-830.

Fricke K, Bahr T, Bidlingmaier W, et al. 2011. Energy efficiency of substance and energy recovery of selected waste fractions. Waste Management, 31 (4): 644-648.

Girma S, Görg H, Strobl E, et al. 2008. Creating jobs through public subsidies: an empirical analysis. Labour Economics, 15 (6): 1179-1199.

Grafström J, Lindman Å. 2017. Invention, innovation and diffusion in the European wind power sector. Technological Forecasting and Social Change, 114: 179-191.

Griffin N N. 2010. Labor adjustment, productivity and output volatility: an evaluation of Japan's employment adjustment subsidy. Journal of the Japanese and International Economies, 24 (1): 28-49.

Harris R I D. 1991. The employment creation effects of factor subsidies: some estimates for Northern Ireland manufacturing industry. Journal of Regional Science. 31 (1): 49-64.

Hsu C W. 2012. Using a system dynamics model to assess the effects of capital subsidies and feed-in tariffs on solar PV installations. Applied Energy, 100: 205-217.

Huenteler J, Ossenbrink J, Schmidt T S, et al. 2016. How a product's design hierarchy shapes the evolution of technological knowledge-evidence from patent-citation networks in wind power. Resource Policy, 45 (6): 1195-1217.

Impullitti G. 2010. International compertition and U.S. R&D subsidies: a quantitative welfare analysis. International Economic Review, (4): 1127-1158.

Johanna R. 2012. Subsidies for renewable energies in the presence of learning effects and market power. Resource and Energy Economics, 34 (2): 236-254.

Jonathan A L. 2013. Wind generation patterns and the economics of wind subsidies. The Electricity Journal, 26 (1): 8-16.

Kangasharju A. 2005. Do wages subsidies increase employment in subsidised firms?. Vatt-Keskustelualoitteite Vatt Discussion Papers.

Kapoor R, Karvonen M, Ranaei S, et al. 2015. Patent portfolios of European wind industry: new insights using citation categories. World Patent Information, 41: 4-10.

Keyuraphan S, Thanarak P, Ketjoy N, et al. 2012. Rakwichian. Subsidy schemes of renewable energy policy for electricity generation in Thailand. Procedia Engineering, 32: 440-448.

Koseoglu N M, Bergh J C J M V D, Lacerda J S. 2013. Allocating subsidies to R&D or to market applications of renewable energy? Balance and geographical relevance. Energy for Sustainable Development, 17 (5): 536-545.

Koski H, Pajarinen M. 2011. Do business subsidies facilitate employment growth?. ETLA Discussion Paper.

Lesser J A. 2013. Wind generation patterns and the economics of wind subsidies. The Electricity Journal, 26 (1): 8-16.

Leyden D P, Link A N. 1991. Why are governmental R&D and private R&D coplements?. Applied Economics, 23 (10): 1673-1681.

Lichtenberg F R. 1987. The effect of government funding on private industrial and development: a reassessment. The Journal of Industrial Economics, 36 (1): 97-104.

Lin B Q, Jiang Z J. 2011. Estimates of energy subsidies in China and impact of energy subsidy reform. Energy Economics, 33 (2): 273-283.

Lindman Å, Söderholm P. 2016. Wind energy and green economy in Europe: measuring policy-induced innovation using patent data. Applied Energy, 179: 1351-1359.

Louhivuori V J. 2015. Do public R&D subsidies foster innovation? evidence from finnish patent data. Master's Thesis of University of Helsinki.

Macintosh A, Wilkinson D. 2011. Searching for public benefits in solar subsidies: a case study on the Australian government's residential photovoltaic rebate program. Energy Policy, 39 (6): 3199-3209.

Marco A D, Cagliano A C, Nervo M L, et al. 2012. Using system dynamics to assess the impact of RFID technology on retail operations. International Journal of Production Economics, 135 (1): 333-344.

Moh Y C, Manaf L A. 2014. Overview of household solid waste recycling policy status and challenges in Malaysia. Resources, Conservation and Recyclings, 82: 50-61.

Montmartin B. 2013. Centralized R&D subsidy policy in an NEGG model: a welfare analysis. Recherches économiques de Louvain, 79 (1): 5-34.

Morrison C J. 1985. Primal and dual capacity utilization: an application to productivity measurement in the US automobile industry. Journal of Business and Economics Statistics, 3: 312-324.

Naveen K S, Yog R S. 2012. Reduction in subsidy for solar power as distributed electricity generation in Indian future competitive power market. Journal of Renewable & Sustainable Energy, 4 (5): 053120.

Noailly J, Ryfisch D. 2015. Multinational firms and the internationalization of green R&D: a review of the evidence and policy implications. Energy Policy, 83: 218-228.

Ouyang X L, Lin B Q. 2014. Impacts of increasing renewable energy subsidies and phasing out fossil fuel subsidies in China. Renewable and Sustainable Energy Reviews, 37: 933-942.

Reichenbach J, Requate T. 2012. Subsidies for renewable energies in the presence of learning effects and market power. Resource and Energy Economics, 34 (2): 236-254.

Rosnes O. 2014. Subsidies for renewable energy in inflexible power markets. Journal of Regulatory Economics, 46 (3): 318-343.

Sánchez-Braze A, Pablo-Romero M P. 2014. Evaluation of property tax bonus to promote solar thermal systems in Andalusia (Spain). Energy Policy, 67: 832-843.

Savaskan R C, Bhattacharya S, Wassenhove L N V. 2004. Close-loop supply chain models with product remanufacturing. Management Science, 50 (2): 239-252.

Shahverdi M, Moghaddas-Tafreshi S M, Mazzola M S, et al. 2014. Impacts of reforming energy subsidies on small scale generator business in Iran. Renewable Energy, 71: 679-689.

Shen J F, Luo C. 2015. Overall review of renewable energy subsidy policies in China contradictions of intentions and effects. Renewable and Sustainable Energy Reviews, 41: 1478-1488.

Shleifer A, Vishny R W. 1994. Politicians and firms. Quarterly Journal of Economics, 109 (4): 995-1025.

Sinaiko D. 2013. Renewable energy—Financing US renewable energy projects in a post-subsidy world. Natural Gas & Electricity, 29 (10): 7-10.

Tsai Y C, Huang Y F, Yang J T. 2016. Strategies for the development of offshore wind technology for far-east countries-a point of view from patent analysis. Renewable and Sustainable Energy Reviews, 60: 182-194.

Tzelepis D, Skuras D. 2004. The effects of regional capital subsidies on firm performance: an empirical study. Journal of Small Business and Enterprise Development, 11 (1): 121-129.

Urban F, Zhou Y, Nordensvard J, et al. 2015. Firm-level technology transfer and technology cooperation for wind energy between Europe, China and India: from North-South to South-North cooperation?. Energy for Sustainable Development, 28: 29-40.

Wallsten S J. 2000. The effects of government-industry R&D programs on private R&D: the case of the small business innovation research program. The RAND Journal of Economics, 31 (1): 82-100.

Wang Y H, Luo G L, Guo Y W. 2014. Why is there overcapacity in China's PV industry in its early growthstage?. Renewable Energy, 72: 188-194.

Wolff G B, Reinthaler V. 2008. The effectiveness of subsidies revisited: accounting for wage and employment effects in business R&D. Research Policy, 37 (8): 1403-1412.

Wren C, Waterson M. 1991. The direct employment effects of financial assistance to industry. Oxford Economic Papers, 43: 116-138.

Zhang D, Xiong W M, Tang C, et al. 2014. Determining the appropriate amount of subsidies for wind power: the integrated renewable power planning (IRPP) model and its application in China. Sustainable Energy Technologies and Assessments, 6: 141-148.

附　　录

附表一　部分海上风电制造业专利清单

序号	标题	摘要	公开号	公开日	申请号	申请日	申请人
1	海上使用的风轮机	一种和海上风轮机的使用有关的方法和装置，包括通过轴（未示出）和发电机（3）相连的风轮机（2），其被转动地安装在塔（4）上，还包括呈浮体（6）的形式的位于下面的基础，所述的塔（4）被安装在其上。浮体（6）被设计要被这样锚固，使得通过用呈锚固绳、铰链或系绳（7）的形式的锚固方式能够在垂直平面内自由地运动，借以使得，作为波浪对浮体的作用结果，风轮机（2）的运动将作为对运动的阻尼机构，因而从波浪提取能量。通过调节平台的重心与/或用于把浮体连附到海床上的系绳（7）中的张力，调节风轮机的谐振周期	CN1856643A	2006-11-01	CN200480027411.4	2004-08-20	诺尔斯海德公司
2	一种在风力涡轮机装置内衰减塔架振动的方法	一种与用于衰减塔架振动的风力涡轮机装置有关的方法，特别地，一浮动的风力涡轮机装置包括：浮动单元；设置在浮动单元之上的塔架；设置在塔架之上的发电机，所述塔架相对于风向能够转动并安装有风力涡轮机；以及连接至海床上的锚或基座的锚索装置。该塔架的本征振动 ω_{eig} 通过如下方式衰减，即，除了所述控制器在风力涡轮机的恒定功率或者 RPM 范围内的控制之外，还被以塔架速度 $\Delta\dot{Z}$ 为基础将一增量 $\Delta\beta$ 增加至风力涡轮机叶片的叶片角度，	CN102943743A	2013-02-27	CN201210333685.2	2006-10-30	海文德股份公司

续表

序号	标题	摘要	公开号	公开日	申请号	申请日	申请人
2	一种在风力涡轮机装置内衰减塔架振动的方法	以此使得该本征振动被抵消。具有频率 ω_{eig} 的 β 内的振动可得当地依靠具有在塔架速度 $\Delta\dot{Z}$ 和叶片角度 $\Delta\beta$ 之间的传递函数 H_{stab}（s）的稳定器被衰减，从而得到环路传递函数 $H_{\beta-\Delta\dot{Z}\_dot}$（$j\omega_{eig}$）· H_{stab}（$j\omega_{eig}$）=−b，其意味着：其中“b”为取决于该涡轮机叶片力矩和推力特性的变量	CN102943743A	2013-02-27	CN201210333685.2	2006-10-30	海文德股份公司
3	一种在风力涡轮机装置内衰减塔架震动的方法	一种与用于衰减塔架振动的风力涡轮机装置有关的方法，特别地，一浮动的风力涡轮机装置包括：浮动单元；设置在浮动单元之上的塔架；设置在塔架之上的发电机，所述塔架相对于风向能够转动并安装有风力涡轮机；以及连接至海床上的锚或基座的锚索装置。该塔架的本征振动 ω_{eig} 通过如下方式衰减，即，除了所述控制器在风力涡轮机的恒定功率或者 RPM 范围内的控制之外，还被以塔架速度 ΔZ 为基础将一增量 $\Delta\beta$ 增加至风力涡轮机叶片的叶片角度，以此使得该本征振动被抵消。具有频率 ω_{eig} 的 β 内的振动可得当地依靠具有在塔架速度 ΔZ 和叶片角度 $\Delta\beta$ 之间的传递函数 H_{stab}（s）的稳定器被衰减，从而得到环路传递函数 $H_{\beta\text{-}\Delta Z\_dot}$（$j\omega_{eig}$）· H_{stab}（$j\omega_{eig}$）=−b，其意味着：（1）其中“b”为取决于该涡轮机叶片力矩和推力特性的变量	CN101300422A	2008-11-05	CN200680040818.X	2006-10-30	国家石油海德鲁股份公司
4	在海上运输和安装至少一风力或水力发电机的结构体和在海上运输和安装至少一风力或水力发电机的方法	本发明涉及在海上运输和安装至少一风力或水力发电机的结构体（10）。结构体（10）包括：配有侧向分支（11a）的U形浮动壳体（11），每个侧向分支支承通过浮动壳体（11）可竖直移动的至少一支柱（20）；和至少一支撑风力或水力发电机的组件，该组件包括两个相对的梭式件（30），每个梭式件和一支柱（20）结合，每个梭式件支承两对臂（60、70），分别为上臂对和下臂对，所述臂对可通过围绕水平轴的转动在收回位置与转靠于风力或水力发电机的桅杆（2）的工作位置之间移动	CN102105348A	2011-06-22	CN200980128874.2	2009-06-19	泰克尼普法国公司
5	风场	本发明涉及一种包括至少两个风力涡轮机的风场，尤其是海滨风场。本发明的目的是形成一个风场，其中各个风力系统（12）之间的运输可以以对天气依赖很少且更安全的方式进行。由此本发明的风场在风场的至少两个风力系统（12）之间设置有至少一个绳索连接（10），并且吊篮（14）设置在所述绳索连接（10）上	CN1469825A	2004-01-21	CN01817530.9	2001-09-08	阿洛伊斯·沃本

续表

序号	标题	摘要	公开号	公开日	申请号	申请日	申请人
6	用于抵达位于地面上方的结构的设备	一种设备，其用于通过相对于位于地面或海面上方的结构降低和/或升高所述设备来抵达所述结构，所述位于地面或海面上方的结构特别是风轮机的转子叶片。所述设备包括：框架结构、用于相对于所述结构支撑所述设备的装置，以及用于相对于所述结构降低和/或升高所述设备的装置。所述框架结构的至少一部分包括导轨部分，所述导轨部分适于相对于所述导轨部分沿所述导轨部分引导可移动物体。所述用于相对于所述结构支撑所述设备的装置构造成用于相对于所述结构定位所述设备，并且所述用于相对于所述结构支撑所述设备的装置构造成便于所述设备大致沿所述结构的纵向移动	CN101375008A	2009-02-25	CN200780003680.0	2007-01-29	PP能源有限责任公司
7	着陆台	本发明涉及一种用于海上风力发电站的着陆台，带有用于船舶（30）的系泊部位（28），直升机（26）的着陆坪（25），以及一从系泊部位和着陆坪引向设施的公共桥（32）	CN1377319A	2002-10-30	CN00813645.9	2000-07-15	阿洛伊斯·沃本
8	具有预装系泊系统的可拆除的海上风轮机	本发明涉及一种浮动式发电装置，包括安装在浮式开放型结构上的至少两个风轮机，所述浮式开放型结构被利用系泊系统固定至海床，每个风轮机在操作模式下设有叶片和转子部分，其被安装在塔架顶部并且经由电缆连接至所述浮式开放型结构上的中央控制电力电子单元，所述中央控制电力电子单元被连接至水下高压输出电缆，用于输出由所述至少两个风车发的电，其特征在于，所述浮式开放型结构可被连接至所述系泊系统或可从其上拆卸，并且在从所述系泊系统上拆下时，所述浮式开放型结构的重心位于其浮心处或下方	CN102282361A	2011-12-14	CN200980154863.1	2009-12-18	辛格尔浮筒系船公司
9	海上风力发电机组安装施工方法	一种海上风力发电机组吊装平台结构设计和施工方法，由专用驳船将海上风力发电机组和自升式风力发电机组吊装平台运输到已安装完成的海上风塔塔体旁，将使吊装平台（1）步进式提升到风塔塔体顶部将吊装平台（1）与风塔塔体（14）锁紧，提升，吊装托盘（10）和风力发电机组（12）开提升到风塔塔体（14）顶部，移动到塔体（14）顶部正上方与风塔塔体顶部连接中心重合进行连接固定，吊装叶片（13）提升到风塔塔体（14）顶部，将叶片（13）安装到发电机组上。步进式下降吊装平台回收到专用驳船上完成吊装施工	CN101196177A	2008-06-11	CN200610129933.6	2006-12-08	天津市海恩海洋工程技术服务有限公司

续表

序号	标题	摘要	公开号	公开日	申请号	申请日	申请人
10	风力发电场	本发明涉及一种风力发电场，尤其涉及一种近海风力发电场，其包括至少两台风力涡轮机。为了提供一个风力发电场，使其内部各单独风力涡轮机之间运输可以更安全并更少地依赖天气实现，在风力发电场中至少两台风力涡轮机（12）之间设置至少一缆索连接装置（10），且所述缆索连接装置（10）上设有一个悬舱（14）	CN1633558A	2005-06-29	CN03804020.4	2003-02-12	艾劳埃斯·乌本
11	特大型垂直轴风力发电装置	本发明公开了一种特大型垂直轴风力发电装置，包括固定在地面上的塔架以及稳固塔架的横梁，在上下横梁中心通过轴承垂直设置动力旋转轴，旋转轴的底端通过大盘齿轮连接发电机离合器，要点是在旋转轴设置多层一体的风轮机构及弧形框架，在每个弧形框架内安装无阻力活动风叶，在活动风叶与弧形框架接触处设有叶片挡块及叶片开启控制机构，发电机离合器连接发电量控制调节装置。本发明发电量大，阻力小，发电总量可达 3000kW 以上，而且自身重量比较轻，运行安全稳定，维护简单方便，使用寿命长，可以在河滩、海岸、山顶等区域安装使用	CN101737270A	2010-06-16	CN201010106452.X	2010-02-05	济南高新开发区中泰环保技术开发中心
12	海上组合发电系统	本发明涉及一种用于发电的组合海上系统，包括：带有用于从风中汲取能量且将其转换为电力的发电机的海上风车，连接于该风车且用于将产生的电力输送至海上或陆地消费者的电力输出电缆，以及用于从波浪中汲取能量的至少一个海上波浪动力单元。该海上波浪动力单元的特征在于：所述波浪动力单元产生的电力与通过风车单元产生的电力通过相同的电力输出电缆被传送	CN101981312A	2011-02-23	CN200980111615.9	2009-02-26	辛格尔浮筒系船公司
13	根据空气密度对风力涡轮机作功率调节	本发明公开了一种风能设备，其带有一个用于管理运行该风能设备的控制装置，本发明还公开了一种控制一台带有管理运行用控制装置的风能设备的方法。为了从风中获取尽可能多的能量，该控制装置考虑了该风能设备安装位置处的海拔高度和/或该风能设备的高度。此外，本发明方法测量空气密度，并将由该所测空气密度值导出的、表征空气密度的信号传送给控制装置，供该控制装置在管理运行时予以考虑	CN1494635A	2004-05-05	CN02805603.5	2002-02-21	阿洛伊斯·沃本

续表

序号	标题	摘要	公开号	公开日	申请号	申请日	申请人
14	海上风力发电装置的建设方法及建设装置	一种能够在深水海域安全和顺利地建设浮动式海上风力发电装置（10）的建设装置（50）。利用起重船（S）建设海上风力发电装置（10）的建设装置（50）包括导向部件（51）、和至少一对具有把持部并沿着导向部件（51）滑动的臂部（60）。导向部件（51）安装在相对于起重船（S）的上下方向的作业位置且下端部侧配置在海中。所述把持部可拆装轴向上被分割为多个的塔部（20）	CN101778757A	2010-07-14	CN200880001209.2	2008-08-28	三菱重工业株式会社
15	一种海上风力发电机组防盐雾系统	本发明涉及一种海上风力发电机组防盐雾系统，其特征在于：它包括一轴流风机、一支撑架、一盐雾过滤层、一除湿过滤层、一上托架和一下托架；轴流风机的风筒的底端固定连接在发电机机舱的侧壁上；支撑架底端紧固在轴流风机的风筒的顶端；上托架和下托架均固定连接在支撑架的顶端，盐雾过滤层、除湿过滤层分别在上托架、下托架的支撑下覆盖在支撑架的顶部。还包括两接触式密封圈，分别安装在发电机机舱与轮毂的连接处和风力发电机组机舱与塔筒的连接处。本发明可广泛应用于海上风力发电机组的防盐雾操作中	CN101769236A	2010-07-07	CN201010111832.2	2010-02-05	国电联合动力技术有限公司
16	发电站的装置	本发明涉及一种在波浪中通过使用浮子装置来产生有用能量的发电站的装置。该浮子装置的运动用于产生能量的发电机的进一步生产、用于其能量的传递方式的进一步应用以及，其特征在于包括通过浮子支撑构造的设计在海上浮动的钻塔。浮子支撑构造具有多个设计在水中的浮子以便可以在海中受到波浪运动的影响。所述多个浮子在浮子之间带有间隔地围绕钻塔周边布置为环的形状，各浮子互相独立且和它们各自的发电机通过传动系统建立联系，且钻塔经由缆索锚固到海床：本发明也涉及一种浮子构造	CN102725515A	2012-10-10	CN201080013029.3	2010-12-17	纳德.哈萨马瑞
17	用于预测风力涡轮机的功率曲线的方法	本发明提供一种计算用于风力涡轮机的高海拔功率曲线的方法，这种方法包括以下步骤：确定用于所述风力涡轮机的预定叶片螺距角的 c_p-λ 曲线；以 c_p-λ 曲线为基础计算无功率极限的第一功率曲线；以及从所述第一功率曲线计算有功率极限的高海拔功率曲线，从而利用现场空气密度	CN101196164A	2008-06-11	CN200710194198.1	2007-12-03	通用电气公司

续表

序号	标题	摘要	公开号	公开日	申请号	申请日	申请人
18	用于防止具有腐蚀作用的盐粒渗入海上风力设备的装置	本发明涉及一种用于防止具有腐蚀作用的盐粒渗入海上风力设备的发电机和传动室的装置，它包括气压发生装置和过滤装置，该气压发生装置产生加压空气，并安装在发电机和传动室的至少一个基本封闭的部分中；该过滤装置沿气流方向安装在发电机和传动室的上游，用于使水分和盐粒与要借由所述气压发生装置引入到该室中的空气相分离	CN1326535A	2001-12-12	CN99813540.2	1999-12-10	爱罗丁工程有限公司
19	用于储存势能的设备	描述了一种用于使用一个深的水体中的水来储存势能的设备。此设备包括一个缸体（1），一个可滑动地与缸体相连接的活塞（2），一个用于储存海水的立柱（3），海水通过一进口（4）进入，该进口（4）与缸体/活塞相连通，和一个将缸体和立柱相互连通起来的连接管（5）。此设备还包括用于相对于缸体往复移动活塞的驱动装置，其中驱动装置是一个可驱动地与活塞相连的曲轴（6）和至少一个安装在曲轴上的用于平衡在立柱中储存的水所产生的压力的飞轮（7）	CN1434900A	2003-08-06	CN01809354.X	2001-05-14	兰尼·扎卡里亚·多尔；约翰·道格拉斯·洛克；扎卡里亚·卡里尔·多尔
20	潮汐能海水淡化处理、发电系统及能源综合利用系统	本发明涉及一种潮汐能海水淡化处理、发电系统及能源综合利用系统，海水淡化处理系统中海水蒸发塔配置有真空泵，真空泵与潮汐能动力装置相连接，真空泵与海水蒸发塔通过管道相接，真空泵的输出端与蒸汽冷凝塔通过管道相接，蒸汽冷凝塔与淡水接收处通过管道相接；若引入蒸汽到蒸汽冷凝塔的管道先与蒸汽压力罐相接，以使蒸汽压力罐接收储存蒸汽，汽轮机和蒸汽压力罐通过管道相接，汽轮机的动力输出轴连接发电机组，汽轮机再与蒸汽冷凝塔通过管道相接，如此海水淡化处理系统同时为发电系统，在海水淡化处理系统的海上平台上安装太阳能加热器以及风力发电机，构成能源综合利用系统，从而实现了潮汐能的产业化应用	CN102020329A	2011-04-20	CN201010162024.9	2010-04-28	陈大千
21	风轮机的机舱冷却系统	提供了一种风轮机的机舱冷却系统。所公开的风轮机的机舱冷却系统包括：冷却块，排列成分别围绕安装在机舱内的一个或多个加热装置；通路管线，连接到冷却块以使冷却剂流动；初级换热器，其连接到通路管线并排列在机舱的外侧表面上；以及次级换热器，其能够吸收机舱内产生的热量并排放热量。初级换热器和次级换热器的机舱与外部密封。因此，当在沿海环境操作风轮机的机舱时，因为机舱完全隔绝外部盐分，所以本发明能够防止由于腐蚀引起的涡轮机设施的性能下降	CN102171450A	2011-08-31	CN200980139169.2	2009-09-01	斗山重工业株式会社

续表

序号	标题	摘要	公开号	公开日	申请号	申请日	申请人
22	能量提取方法和设备	本发明提供了使用包括船体（10）的共同浮动平台从风和波浪运动提取能量的方法和设备，该船体（10）停泊于近海位置且其支承用于从风提取能量的风力涡轮机（27）和定位于船体（10）的至少一侧用于从相对于船体（10）的波浪运动提取能量的波浪能量提取装置（12）。该方法和设备还可使用水涌流能量提取装置。该船体（10）还可支承淡化设施（45），该淡化设施（45）使用从风、波浪和水涌流能量提取装置所产生的能量	CN101611226A	2009-12-23	CN200780037324.0	2007-08-14	西多夫有限公司
23	海上发电设备的取决于塔架固有频率的管理	本发明涉及一种操作风力叶轮设备的方法，该设备具有一调节转动体速度的装置。所述方法包括以下步骤：确定各叶轮机和/或叶轮机构件的临界频率，确定在临界频率附近整个叶轮机和/或单个叶轮机构件受激振的转动体的速度范围，使风力叶轮机设备仅在该临界速度范围以下和以上工作，并迅速通过该临界速度范围	CN1422363A	2003-06-04	CN01807711.0	2001-03-28	爱罗丁工程有限公司
24	水流海浪潮汐动能和风能太阳能发电的综合系统	本发明公开了一种水流海浪潮汐动能和风能太阳能发电的综合系统，包括风能发电机组、太阳能发电机组和水流动能发电机组，所述风能发电机组主要由风轮、传动系统、发电机、控制保护系统和塔架组成，所述太阳能发电机组主要由太阳能电池组、太阳能控制器和逆变器组成，所述水流动能发电机组采用悬浮式水流动能发电机或分层分列式水流动能发电机组，上述风能发电机组、太阳能发电机组和水流动能发电机组产生的交流电一起输送和上网。该发电系统有风能时风力发电，有光能时光能发电，有水流动能时水流动能发电，既可互补，又可共同做功，可循环发电，本发明结构简单，成本较低，有利于推广和环境保护	CN101649813A	2010-02-17	CN200910092849.5	2009-09-09	张建洲
25	风电机组设备运输安装船及其应用	本发明涉及一种风电机组设备运输安装船，包括：船体部分，其上设有至少一个开口部，开口部被构造成用于容纳风电机组设备并适于在风电机组设备带有基础部分时使其在运输及安装过程中通过所带基础部分浮置于水面上；吊机部分，其装设于开口部周围用以将风电机组设备吊装放置于开口部内并在运输及安装过程中为其提供扶稳力。它可用于将待安装风电机组设备从码头运输至指定位置并进行安装，或对指定位置的已安装风电机组设备进行迁徙或拆除以将其运输至目的地。本发明能充分利用风电机组基础部分的自浮能力，全方位、有效地解决风电机组设备整体运输和安装问题，从而实现在陆基上进行整体建造及调试、在例如海洋等水体上进行运输和安装的一体化作业	CN102161375A	2011-08-24	CN201110037577.6	2011-01-31	江苏道达海上风电工程科技有限公司

续表

序号	标题	摘要	公开号	公开日	申请号	申请日	申请人
26	海洋风车	本发明提供一种海洋风车，其利用塔架内的循环空气以密闭式进行水冷。本发明的海洋风车具有：由塔架及其基座构成的塔架构造体；支撑在塔架的顶部的叶轮；通过叶轮的旋转而发电的发电机；以及电力变换装置，其对发电机的输出电力进行变换，在塔架内及基座内形成空腔，由塔架内的空腔及基座内的空腔构成的塔架构造体的内部空间，由分隔壁划分为上室和下室，电力变换装置设置在上室中，分隔壁形成第 1 通气孔和第 2 通气孔，具有使空气进行下述循环的空气循环通路及送风装置（例如为排气风扇），即，空气从电力变换装置通过第 1 通气孔至下室，然后从下室通过第 2 通气孔至电力变换装置。将吸气口配置在排气孔的下方，或者在吸气口和排气口之间设置分隔部件	CN102094763A	2011-06-15	CN201010588659.5	2010-12-10	富士重工业株式会社
27	用于水下工作的带冷却循环回路的电气构件	本发明涉及一种具有绕组导线的电气构件、尤其变压器，其包括带有热交换单元的冷却循环回路。按照本发明热交换单元的冷却元件可被第一种液体、尤其海水绕流，并因而对于在电气构件运行期间产生的热量可以实现热交换。按照本发明的电气构件尤其针对海上应用，其中，电气构件设在平台的不同平面上并因而只需要小的空间位置	CN101128892A	2008-02-20	CN200580048635.8	2005-12-22	西门子公司
28	风、光及海潮流清洁能源海水淡化装置	本发明涉及风、光及海潮流清洁能源海水淡化装置，包括依次连接的发电装置、蓄电池组和海水淡化装置，发电装置包括风力发电机组、太阳能电池板和海潮流发电装置；海水淡化装置包括提取泵、前置过滤器、保安过滤器、高压泵、反渗透膜组件、水质检测表和淡水箱。海潮流发电装置包括摇摆采能器、浮球连杆、传动齿轮箱、直流发电机和锚链；摇摆采能器通过浮球连杆与传动齿轮箱连接，传动齿轮箱和直流发电机连接并通过锚链连接固定于海底。相对于现有技术，本发明利用风、光和海潮流互补发电为海水淡化装置提供电能，使海水淡化装置的使用不再受市电供给的限制，可以方便在海岛、海上平台、渔排等场所使用，具有广阔的发展前景和使用空间	CN101875516A	2010-11-03	CN201010198014.0	2010-06-10	吴志文

续表

序号	标题	摘要	公开号	公开日	申请号	申请日	申请人
29	海面浪风光无人操纵可自动沉浮的固定综合发电船队	海面浪风光无人操纵可自动沉浮的固定综合发电船队是由30艘（可增减）小型平底海面浪风光无人操纵可自动沉浮的固定综合发电船通过结实的缆绳前后左右相互连接而成的并用结实的缆绳固定在海底水泥柱上的一个网状梯形船队。每艘发电船上都装有海浪冲击发电机组、风力发电机组、光电池组和船体自动沉浮装置，以及蓄电池等，它们可以充分利用海面上取之不尽、用之不竭的浪能、风能和光能，将其转化为电能、蓄存于蓄电池中或输往陆地电网，并可自动躲避特大风浪的袭击。在船队周围水下安装的巨大粗渔网可以捕鱼、养鱼。在船间缆绳下可种植海带或养殖珍珠蚌壳等海生动植物。它是一套能充分利用海洋资源的海面综合发电装置	CN102060087A	2011-05-18	CN200910140117.9	2009-07-01	姜仁滨
30	空气内能的应用及装置	本发明提供了一种空气内能的应用及装置。一种将空气内能转换成有用的动能的方法，该方法基于流过大致渐缩管嘴的空气，由于管嘴截面减小，所以该渐缩管嘴使空气加速，从而增大空气的动能。动能的增量等于空气内能（即温度）的减少量。在所述管嘴内设置有涡轮，以将气流的动能转换成机械能，所述机械能被转化成电能或传递到齿轮箱中以提供驱动力矩。使用该方法的装置可利用自然风作为气流源或利用人工气流装置。结合有人工产生气流的装置可用作用于陆地、海洋交通工具和飞行器的发动机。由于管嘴内的气温降低，所以会出现水分凝结并且可积存液态水以进一步使用	CN104047814A	2014-09-17	CN201410180759.2	2005-11-16	伊斯拉埃尔·赫什伯格
31	海上风力发电机叶片用涂料及其应用	本发明涉及海上风力发电机叶片用涂料及其应用。具体地，本发明涉及1、一种涂料组合物，其包括物理上相互隔离的第一组合物和第二组合物，其中：所述第一组合物包括：羟基改性丙烯酸树脂、溶剂、和任选的助剂；所述第二组合物包括：HDI和IPDI三聚体。本发明还涉及由所述第一组合物或第二组合物构成的组合物，包括它们的涂料产品，以及由所述涂料组合物涂层所获得的风力发电机叶片。使用本发明涂料组合物获得的叶片具有优良特性	CN102153943A	2011-08-17	CN201110038473.7	2011-02-16	保定优利嘉能涂层科技有限公司

续表

序号	标题	摘要	公开号	公开日	申请号	申请日	申请人
32	一种用于海上能源收集的平台	本发明涉及一种用于海上能源收集的平台，包括太阳能收集装置、风能发电装置以及潮汐发电装置，还包括用于将上述收集装置或发电装置输出的电能汇集并输出的电能汇集装置，所述各装置安装在设置在海面的平台上，所述平台包括部分沉入海面的支架、设置在所述支架上的台面以及设置在所述台面的、用于安装所述太阳能收集装置和风能发电装置的支架。实施本发明的用于海上能源收集的平台，具有以下有益效果：由于将多种能源收集或发电装置设置在一个平台上，且该平台设置在海面上，因此，在有效收集能量的同时，还使得这些转换装置不会占用陆地资源，因此能够有效、安全地收集海面上存在的多种能源	CN101699747A	2010-04-28	CN200910110395.X	2009-10-29	胡锦
33	风力发电用耐低温、抗开裂橡套软电缆	本发明涉及一种风力发电用耐低温、抗开裂橡套软电缆，其特征是橡胶绝缘及护套中增塑剂为耐寒型增塑剂，还加有2～5份松焦油和/或汽缸油，3～8份偶联剂；绞合软导体束丝节距8～14倍；若为多芯电缆，绝缘线芯成缆节距8～10倍。较现有技术提高了橡胶绝缘及护套，在低温下柔韧性和抗开裂性能，低温下机械性能，及电缆耐扭性能，能够满足风能电缆耐扭要求。本发明电缆，在-40℃低温冲击试验及弯曲试验中不开裂，可以保持在极低温度下的柔软性，满足电缆在低温或海洋气候环境中使用，可以适合使用在环境温差大、盐雾、湿热、霉菌等环境条件。此外，环保辅料的使用，电缆绝缘和护套环境友好，使之能够满足欧盟ROHS和PAHS多环芳烃环保要求	CN101221836A	2008-07-16	CN200710192206.9	2007-12-21	江苏中煤电缆集团有限公司
34	海上风电厂照明	本发明提供一种操作具有至少一个风力发电设备（OWEA1、OWEA2、OWEA3、OWEA4）和照明装置的海上风电厂的方法，该照明装置工作在普通模式下，其中通过接收装置（100）接收危险信号，并且将所接收的危险信号提供至将照明装置从普通模式切换至紧急照明模式的控制装置（200）	CN103189642A	2013-07-03	CN201180045948.3	2011-09-12	德国瑞能公司
35	风力发电设备的转动摇摆抑制装置和浮体式海上风力发电设备	提供风力发电设备的转动摇摆抑制装置和浮体式海上风力发电设备，能够抑制成为对风力发电设备的发电效率和设备的耐久性造成不良影响的原因的陀螺效应所引起的机舱的转动摇摆。浮体式海上风力发电设备（10）具备：借助风进行旋转的风轮（11）；收纳风轮（11）的旋转轴（12）的机舱（13）；和具有塔架（15），该塔架	CN103314212A	2013-09-18	CN201180064151.8	2011-11-04	独立行政法人海上技术安全研究所

续表

序号	标题	摘要	公开号	公开日	申请号	申请日	申请人
35	风力发电设备的转动摇摆抑制装置和浮体式海上风力发电设备	（15）将机舱（13）支承为能够相对于海面（P）转动自如而发挥风向标效应且具有转动座轴承（14），在浮体式海上风力发电设备（10）中，在塔架（15）设置有用于对机舱（13）的转动摇摆（T）进行抑制的摇摆抑制单元（16），因此能够抑制浮体（31）受到海面（P）的波浪而产生的在产生的摇摆（Ω）引起的陀螺效应所导致的机舱（13）的转动摇摆（T）	CN103314212A	2013-09-18	CN201180064151.8	2011-11-04	独立行政法人海上技术安全研究所
36	海上风力发电装置及海上风力发电场	本发明的目的在于提供一种能够获得关于风车本身的状况、周边的气象状况等正确的信息的海上风力发电装置。本发明的海上风力发电装置通过安装有风车翼的转子头的旋转而驱动发电机构进行发电，其具备对风力发电装置本身及其周边状况进行监视的监视装置（10）	CN102089519A	2011-06-08	CN200880130331.X	2008-10-09	三菱重工业株式会社
37	水上风力发电机的安装设备及其施工方法	一种水上风力发电技术领域的水上风力发电机的安装设备及其施工方法，包括：吊装船、运输驳船、起吊机、吊环、可伸缩浮筒及充气装置、支撑腿及升降装置，其中：吊装船下方固定设有四个支撑腿，吊装船四周固定设置若干可伸缩浮筒，吊装船的上方甲板正中竖直固定设置起吊机，吊装船的上方甲板的起吊机两侧分别对称固定设有 2～10 个吊环，吊环与起吊机的背杆通过钢索连接。运输驳船周围安装有可伸缩浮筒，并配有充气装置。本发明可以在水深 0.3～5 米的范围内进行海上风力发电塔桩基及风机的安装工作，可大幅提高海上风力发电塔安装效率，降低海上风电场建设成本	CN101565091A	2009-10-28	CN200910051632.X	2009-05-21	上海利策科技有限公司
38	潮间带风力发电机立柱不用吊车的安装机构及其操作方法	本发明属于风力发电机的安装设备，涉及一种潮间带风力发电机立柱不用吊车的安装机构及其操作方法；其特征在于：与潮间带位置相对应的岸边海面上置放机动驳船，机动驳船上船艏侧和两弦侧甲板上排列装设数量至少为一套的风力发电机的立柱安装机构，所述的每套立柱安装机构主要由绞缆机拖带装置、固定承台、活动承台、调载用水罐、立柱抱固装置、调载用水罐抱固装置、驳船承重桅、液压缸驱动机构、对位装置和减震结构组成，本发明不仅设计合理，构思新颖独特，结构紧凑，简单实用，既不用起重吊安装，又不需要配备多艘各种类型的船舶，既易于定位安装，又提高装配精度，而且集安装和运输于一体，具有安装速度快，投资少和使用十分方便等优点	CN101793106A	2010-08-04	CN200910248989.7	2009-12-29	郝钲声

续表

序号	标题	摘要	公开号	公开日	申请号	申请日	申请人
39	流体发电设备的传动系	本发明涉及一种流体发电设备、尤其风力发电设备或海流发电设备的传动系，包括带有至少一个转子叶片的转子轮毂（1）和具有多个行星级（6、7、8）的传动机构（4），该传动机构将与转子轮毂（1）连接的转子轴（3）的旋转运动变换传递到随后的发电机（5）的驱动件上。在此，所述转子轮毂（1）、所述传动机构（4）和所述发电机（5）彼此同轴地布置。现在为了以紧凑的方式和方法将转子轴（3）的旋转运动适当变换传递到所述发电机（5）的驱动件上，将所述传动机构（4）构造为具有三个行星级（6、7、8）的、功率分支的传动机构	CN103917778A	2014-07-09	CN201280033365.3	2012-06-18	罗伯特·博世有限公司
40	海上风力发电机组分体安装施工方法及其设备	本发明公开了一种海上风力发电机组分体安装施工方法，主要包括塔机安装、风机安装、塔柱收回三个阶段，海上风力发电机组分体安装设备，所述设备为塔机，塔机包括底架、拉杆、伸缩塔柱和上部结构组成，伸缩塔柱底端安装在底架上，顶端铰接于上部结构上，拉杆连接上部结构与底架，上部结构包括臂架、人字架、抱紧装置和防后倾装置，抱紧装置固定在伸缩塔柱上，防后倾装置一端与人字架和拉杆连接，另一端铰接于臂架上。本发明的海上风力发电机组分体安装施工方法及其设备，采用下回转方式，配合抱紧装置，使得设备受力合理，减小了自重，降低了成本，塔柱伸缩机构、插销机构、动力销的配合使用，方便了塔机的整体安装，提高了安装效率	CN101985917A	2011-03-16	CN201010506445.9	2010-10-08	中交第一航务工程局有限公司；中交一航局第三工程有限公司
41	一种海上发电系统	本发明涉及一种利用再生能源的发电系统，尤其涉及一种综合的海上发电系统。为了解决海洋能发电设备形式单一，综合利用率低的问题，本发明提供一种综合的海上发电系统，包括能量采集装置、发电机组、工作平台和桩柱；其中，所述能量采集装置包括风力采集装置、波浪采集装置和水流采集装置；所述发电机组包括液压系统和发电机。本发明综合利用率高，发电效率高，对环境无污染；能量利用效率高、损耗少；发电系统稳定性更好，而且降低成本；可有效避免关键部件常年浸泡在水里，发生腐蚀或渗漏引起设备故障，同时也便于维护	CN102322403A	2012-01-18	CN201110296288.8	2011-09-29	青岛经济技术开发区泰合海浪能研究中心
42	“黑箱子”海上风电厂	“黑箱子”海上风电厂，是同时利用海浪能·风能·太阳能发电的海上风电厂。“黑箱子”是一个多功能发电厂。内部有一个水涡轮机，从两个方向流入的浪潮推动水涡轮机沿着一个方向直立旋转。	CN102477950A	2012-05-30	CN201010563501.2	2010-11-29	杨旭

续表

序号	标题	摘要	公开号	公开日	申请号	申请日	申请人
42	“黑箱子”海上风电厂	“黑箱子”上的风力涡轮机在风能作用下也沿着一个方向直立旋转。风能和海浪能通过这个垂直的旋转轴使得发电机工作运转，发电机与旋转轴之间的连接是通过一个可以滑动的装置。“黑箱子”是一个海上漂浮发电厂。将锚固定在海底。“黑箱子”随着风、波浪和潮汐流的运动而动，但自身不转动。特殊的机械设计和双锚固定方式使得“黑箱子”的自身旋转受到局限。“黑箱子”发的电通过电缆传输到岸上。浮动“黑箱子”上安装的太阳能电池板，将海上最强太阳光射线转换成电能。太阳能电池板发的电被转换成同发电机发的电一样的电能，共同被输送到电缆，传到岸上	CN102477950A	2012-05-30	CN201010563501.2	2010-11-29	杨旭
43	一种基于海面波浪层和深海稳定区海洋波浪能差动能量提取的波浪能发电系统	本发明公开了一种基于海面波浪区和深海稳定区海洋波浪能差动能量提取的波浪能发电单元，包括海面浮动平台、发电机组、传动机构与水轮机，所述的发电机组固定于海面浮动平台上，浮动平台漂浮于海面上，发电机组的转动输入端通过传动机构与水轮机相连接，所述的水轮机置于深海稳定区，还公开了由上述发电单元组成的发电系统及上述单元和发电系统中采用的水轮机，该发电系统抗台风能力强，绿色环保；该水轮机结构简单，成本低，稳定性好，非常适合大规模生产和应用	CN102261302A	2011-11-30	CN201110078071.X	2011-03-21	郑贵林
44	用于风力涡轮发电机的便携式终端	一种用于风力涡轮发电机的便携式终端，风力涡轮发电机的维护，尤其是吊舱内部的维护工作可以被简化，同时考虑维护操作员的安全性。所述便携式终端包括：被设置成立在陆上或近海上的塔；支撑在所述塔上的吊舱，所述吊舱被控制沿偏航方向旋转；以及连接至所述吊舱的多个可旋转叶片，所述多个可旋转叶片被控制移动它们的斜度，由此所述便携式终端能够连接至分别设置在所述吊舱和所述塔的下部上的连接端，以便执行所述风力涡轮发电机的各种控制，所述便携式终端还包括：操作按钮，所述操作按钮产生用于各种控制装置的操作信号，所述各种控制装置被包含在所述风力涡轮发电机的控制电路中；显示部，所述显示部用于显示所述操作按钮的操作状态；和控制部，所述控制部用于执行所述操作按钮的显示控制，其中，所述操作按钮的控制部使得模式选择按钮出现，该模式选择按钮选择性地启用所述风力涡轮发电机的维护模式或操作	CN102753819A	2012-10-24	CN201080000711.9	2010-02-18	三菱重工业株式会社

续表

序号	标题	摘要	公开号	公开日	申请号	申请日	申请人
44	用于风力涡轮发电机的便携式终端	模式，并且当从所述选择按钮选择所述维护模式时，对应于所述显示部上显示的对应的维护操作屏幕，使得分别地控制以下中的至少一种的操作按钮出现：包含在所述风力涡轮发电机中的叶片斜度控制、偏航制动控制以及设置在控制所述叶片斜度控制和所述偏航制动控制的油路上的辅件电机	CN102753819A	2012-10-24	CN201080000711.9	2010-02-18	三菱重工业株式会社
45	浮水风电站	本发明是一种浮水风电站，包括A组、B组喇叭筒形的聚风筒和各组的定位兼拦风的挡壁D和C；各风筒的小端装备着风电机组E和E′。风力机的功率是与风速的三次方成正比，所以用风筒提高风速非常重要。上述装置都装固在筒体组合大簰上，F组筒体的中心线偏下是水面W，G组筒体完全在水面下；上下两组用多根竖管M、横管H和张拉线N联结，各结构管件都呈流线型截面。风电站可拴系在小岛、礁石或海底锚方式浮水自动迎风定向发电，可为领先占领海洋开采海底热液多金属硫化物、富钴结壳、多金属结核提供最佳电源	CN101230846A	2008-07-30	CN200710066981.X	2007-01-28	黄金伦
46	垂直立柱浮式风电平台及其构筑方法	一种浮式风力发电技术领域的垂直立柱浮式风电平台及其构筑方法，该垂直立柱浮式风电平台，包括：多根深吃水立柱、与深吃水立柱的底端相连的一个压载舱、一个与深吃水立柱上部连接的多孔甲板、与多孔甲板固定连接的风力发电机组以及若干与平台及海床相连的锚缆。本发明仅靠立柱重力和浮力实现垂直安装，不需要大型起重浮吊；大大降低深海立柱式平台整体建造和安装成本，为深海立柱式浮体风电平台的大规模商业化提供了可行性	CN102152841A	2011-08-17	CN201110050398.6	2011-03-02	王晋
47	一种利用海洋温差发电的方法及装置	本发明提供了一种利用海洋温差发电的方法及装置，用海洋表层的热海水加热低沸点工质，使之蒸发，送入汽轮机推动汽轮发电机组做功发电，汽轮机排出的工质乏气用海洋深层的冷海水冷凝为液态，再用热海水加热，送入汽轮机，使之蒸发，推动汽轮机发电机组做功发电，如此循环，持续发电；还利用洋面风力发电，并用该电力驱动热泵装置，由热泵装置的媒质将工质的温度进一步提高，增大工质体积膨胀率；由热泵装置的媒质将冷海水的温度进一步降低，再用该低温海水去冷凝工质乏气，增强对工质乏气的冷凝效果。本发明提高了海洋温差发电闭式循环发电的效率，实现了海洋温差能和风能的综合利用，具有重要的实用价值，是绿色环保能源，易于大规模使用和推广	CN102213199A	2011-10-12	CN201110147353.0	2011-06-02	东方电气集团东方汽轮机有限公司

续表

序号	标题	摘要	公开号	公开日	申请号	申请日	申请人
48	一种运输安装船、一种用船运输安装风电机组的方法	本发明涉及一种运输安装船、一种用船运输安装风电机组的方法。该运输安装船包括：船体、塔架、导轨、移动横梁、平衡梁、上部吊架、起重设备，其中，船体具有纵向中轴线和U形口；塔架的底部固定于船体上纵向中轴线的两侧，且均平行于纵向中轴线；移动横梁，位于U形口的上方，并可沿固定在塔架上的导轨移动，与起重设备和上部吊架分别相连；平衡梁，位于移动横梁的上表面，用于将风电机组的塔筒与自身锁定在一起；上部吊架用于，与风电机组的底部相连，以托住风电机组；起重设备，两侧分别固定于塔架上，用于带动移动横梁沿导轨上下移动。利用本发明的技术方案，能提高风电机组的海上安装效率，且受海况影响小	CN102616340A	2012-08-01	CN201110033444.1	2011-01-30	华锐风电科技（江苏）有限公司
49	近海可再生能源综合发电系统	本发明涉及一种近海可再生能源综合发电系统，属于可再生能源发电技术领域。该综合发电系统包括单桩结构（1）和三种发电装置及电气连接电路，三种发电装置包括风力发电装置、波浪能发电装置、潮流能发电装置，它们分别通过三个直驱永磁发电机（3-1、3-2、3-3）和三个整流器（16-1、16-2、16-3）并联至综合发电系统内部直流母线（19），通过海底电缆（20）连接至岸上的逆变器（21），最后经升压变压器（22）并入电网。本发明将近海风能发电、波浪能发电、潮流能发电融合成一有机结合体，通过电气连接系统，实现了各种发电装置之间的相互兼容以及与电网的可靠连接	CN102182635A	2011-09-14	CN201110116157.7	2011-05-06	河海大学
50	一种帆桨结合式风光能源复合型发电装置及其用途	本发明涉及一种帆桨结合式风光能源复合型发电装置及其用途。风能利用采用大型直立形风帆结构，提高了风能动力能量，可以带动大功率发电设备。并将直立风帆和桨式平盘的风能结构相结合，在提高风能动量同时提高了风能利用效率。另一特点，在直立风帆上和平盘桨叶上均附加有太阳能电池结构，光电池的大面积铺设利用提高了光电发电能量和光电转换效率。用途包括工业农业商业及民用的空置场地发电、陆上水上及山上固定设施设备用发电、海上移动或固定设施船舶及海上油井各类平台和风场的发电等	CN101109367A	2008-01-23	CN200710058815.5	2007-08-16	马元威

续表

序号	标题	摘要	公开号	公开日	申请号	申请日	申请人
51	支撑海上风机和海洋能发电机的预应力混凝土浮式平台	本发明公开一种支撑海上风电和海洋能发电机的混凝土半潜式的浮式平台及其施工安装方法。该浮式平台包括至少三个空心圆柱体混凝土浮筒，通过横向框架结构连接各浮筒以形成平面为三角形或四边形或多边形结构。该浮式平台采用预应力混凝土和/或预应力轻质混凝土和/或预应力纤维混凝土制成。每个平台安装一个水平轴风机和/或至少一个垂直轴风机及可选择安装太阳能和/或波浪能发电机。预应力轻质混凝土浮式平台与钢浮式平台相比，造价大幅降低，结构重心低，结构稳定性更高。平台施工类似成熟的分段预制拼装预应力混凝土桥节段施工法，施工可行。本发明应用于水深 25 米至 100 米或更深的海上风电和海洋绿色能源，潜在经济效益巨大	CN103010415A	2013-04-03	CN201210030258.7	2012-02-10	黄灿光；陈立强
52	海上及潮间带风力发电机组的机舱除湿除盐微正压系统	本发明涉及风力发电设备，公开了一种用于海上及潮间带风力发电机组的机舱除湿除盐微正压系统。该系统是在机舱内指定进风口位置安装除湿和过滤装置，对机舱除指定进风口外的其他缝隙部位采取相对密封或独立于机舱环境的风通道的措施，形成一个相对密封的空间。对从指定进风口进入机舱内的空气进行除湿和一定直径颗粒的过滤，通过湿度、盐雾和流量的控制，使除湿和除盐后相对干燥和纯净的空气充满整个机舱，形成一个微正压，从而保证机舱内零部件在类似陆上空气的环境下工作，最大限度的减少海上潮湿和盐雾对其的腐蚀。整个防腐系统只需对局部结构进行改进，成本较低，而且实施简单，可靠性高，设备本身技术要求不高，整个系统易维护	CN102213188A	2011-10-12	CN201010137486.5	2010-04-01	上海电气风电设备有限公司
53	海面浪风光能综合发电船队	海面浪风光无人操纵可自动沉浮的固定综合发电船队是由 30 艘（可增减）小型平底海面浪风光无人操纵可自动沉浮的固定综合发电船（1）通过结实的缆绳（2）前后左右相互连接而成的并用结实的缆绳固定在海底水泥柱（3）上的一个网状梯形船队。每艘发电船上都装有海浪冲击发电机组（4）、风力发电机组（5）、光电池组（6）和船体自动沉浮装置，以及蓄电池（7）等，它们可以充分利用海面上取之不尽、用之不竭的浪能、风能和光能，将其转化为电能、蓄存于蓄电池（7）中或输往陆地电网，并可自动躲避特大风浪的袭击。在船队周围水下安装的巨大渔网可以捕鱼、养鱼。在船间缆绳下可养殖海生动植物。它是一套能充分利用海洋资源的海面综合发电装置	CN102202962A	2011-09-28	CN201080002295.6	2010-06-03	姜仁滨

续表

序号	标题	摘要	公开号	公开日	申请号	申请日	申请人
54	海上综合能源发电系统	本发明公开了能源开发与利用技术领域中的一种海上综合能源发电系统。包括波浪能转换装置、风能转换装置、海流能转换装置、功率传动箱和直驱发电机；波浪能转换装置、风能转换装置和海流能转换装置分别与功率传动箱相连；功率传动箱与直驱发电机相连；波浪能转换装置用于将波浪能转换为机械能并输出到功率传动箱；风能转换装置用于将风能转换为机械能并输出到功率传动箱；海流能转换装置用于将海流能转换为机械能并输出到功率传动箱；功率传动箱用于接收波浪能转换装置、风能转换装置和海流能转换装置输出的机械能，并将接收的机械能叠加后，驱动直驱发电机发电。本发明解决了现有的海上能源发电系统存在的稳定性差和结构复杂的问题	CN102359431A	2012-02-22	CN201110257652.X	2011-09-01	华北电力大学
55	预防强风的风力发电装置及其方法	本发明公开了一种预防强风的风力发电装置及其方法，旨在拓宽风力发电装置的使用区域。其技术要点是：风叶由风叶框架、框架内网格状加强筋，以及网格状排列的单向阀结构组成，单向阀的阀座由风叶网格状的加强筋组成，阀片由具弯曲弹性特性的薄片材料组成，阀片的一边与阀座粘贴或紧密连接。风力发电装置预防强风的要点是采用控制风叶表面材料或风叶的中间层材料的结构强度的方式，当大风、飓风的风力超过其设计抗击的强度，风叶表面材料或中间层材料首先遭到破坏，保护了风叶和风力发电装置。本发明的风力发电装置具有强风保护作用，可适用于强风、飓风多发区域的风力发电装置，还可适合用于潮流、波浪的海洋动力环境的水力发电装置	CN1603614A	2005-04-06	CN200410084217.1	2004-11-16	俞嘉华
56	一种利用水波浪能和风能互补发电的发电方法及装置	本发明公开了一种利用水波浪能和风能互补发电的发电方法和装置，该方法包括设置一利用海水水波浪发电的发电机组，发电机组的动能输入叶轮下部浸没在海水中，动能输入叶轮上部露出海水平面，动能输入叶轮利用海水浮力随海水平面的升降而升降；在动能输入叶轮上方设一具有内凹曲面的挡风墙，挡风墙的下端设一导风板，导风板将挡风墙接收到的风引向动能输入叶轮上部的叶片工作面，以推动动能输入叶轮朝水波浪推动而转动的方向转动。优选该方法还包括设置与上述发电机组并网发电的风力发电机。该装置包括前述发电方法中的发电机组和风力发电机。本发明的有益效果是，海洋自然资源利用充分、发电量大、发电成本低，且结构简单、故障率低	CN102278265A	2011-12-14	CN201110198032.3	2011-07-15	李晓明

续表

序号	标题	摘要	公开号	公开日	申请号	申请日	申请人
57	一种海上风电功率/频率控制方法	本发明提出了一种海上风电功率/频率控制方法，将海上风电场与抽水蓄能电站相结合形成互补运行系统，控制系统根据风电场功率预测曲线、当地日负荷曲线、系统参数等对风电场和抽水蓄能电站各时刻出力进行调控，满足当地负荷需求。同时，风电场将制氢设备作为变换负载，电子负荷调节器根据各时刻风电场多余电能对制氢设备进行不同程度的投切。最终达到风电功率/频率控制的目的	CN101975141A	2011-02-16	CN201010512902.5	2010-10-20	中电普瑞科技有限公司；中国电力科学研究院
58	一种风电互补驱动海水淡化高压泵的装置	本发明涉及海水淡化领域，具体是一种风电互补驱动海水淡化高压泵的装置，包括风力机、传动轴、齿轮换向器、加速齿轮箱、风能驱动的高压水泵及电动水泵，其特点是：所述风力机的输出轴与所述传动轴的上端固定连接，所述传动轴的下端与齿轮换向器的输入轴固定连接，所述齿轮换向器的输出轴通过联轴器与加速齿轮箱的输入轴连接，加速齿轮箱的输出轴通过联轴器和风能驱动高压泵的主轴连接。本方案以风能驱动高压泵为主要动力，当风力不足或无风时，可适当启用电动水泵以保证设施工作。本发明用于反渗透海水淡化，减少了电能消耗，具有投资省、效率高，运行及维护费用低等优势	CN102126548A	2011-07-20	CN201110033126.5	2011-01-31	吴速
59	波浪能发电系统	本发明提供一种波浪能发电系统，属于发电技术领域，其结构包括一主轴，主轴的两端设置在海底固定桩或深海大型漂浮设备的安装座上，主轴上设置有数个单向做功组件，每个单向做功组件通过连杆与浮漂相连接，变速箱的动力输入轴与主轴相连接，变速箱的动力输出轴通过离合器与一台或一台以上的发电机相连接，发电机则通过并网变流器接电网。波浪推动浮漂上下浮动，通过连杆使单向做功组件驱动主轴单方向旋转，主轴旋转将动力传递给变速箱，再传到发电机进行发电，发出的电通过并网变流器输送至电网。本发明的波浪能发电系统与现有技术相比，具有结构简单、投资小、发电成本低、维护成本低、制造技术娴熟等特点，可形成规模发电站，能适应各种气候环境及深浅海，抗台风能力强，且能综合利用太阳能设备及风力发电设备	CN101922403A	2010-12-22	CN201010259620.9	2010-08-23	杨志锋

续表

序号	标题	摘要	公开号	公开日	申请号	申请日	申请人
60	水电资源共生的生态利用系统	本发明涉及一种水电资源共生的生态利用系统,包括能源收集设备以及发电装置,能源收集设备输出端设置有能源转换储存设施,其包括空气压缩装置和储能装置,能源转换储存设施上设有气动冷凝器。使用时,利用能源收集设备将海浪能和风能的自然能源收集后,再经驱动空气压缩装置将其转换成压缩气体能储存于储能装置内部,以供发电装置将其转化成高质量的电力能源。同时,压缩气体能源在传输过程中经过气动冷凝器时,气动冷凝器将其气体中水分凝结起到气水分离,从而达到完成提取淡水的功能。基于上述,将自然资源转化成电力、水力资源,不需要再利用非再生资源,从而达到避免污染周围的环境。与现有单一获取能源的方式相比,本发明可达到降低生产成本	CN101403363A	2009-04-08	CN200810067068.6	2008-05-04	杨松林
61	一种风电机组的运输安装船及风电机组的船运和安装方法	本发明涉及一种风电机组的运输安装船及风电机组的船运和安装方法。该运输安装船包括:有纵向中轴线的船体;固定于纵向中轴线两侧的船体上,底部平行于纵向中轴线的两支架;位于两个支架中部内侧的等高处,可支撑平衡梁的两平台;位于两平台以上,与起重设备和上部吊架分别相连,可锁定风电机组塔筒的平衡梁;与风电机组底部相连,以托住风电机组的上部吊架;分别固定于两个支架的顶平面上,且均平行于纵向中轴线的两个导轨;带动平衡梁上下移动,沿两个导轨移动以带动平衡梁沿平行于纵向中轴线的方向移动的起重设备;固定于两个支架内侧的船体上,与风电机组建立连接的船上基础。本发明能提高风电机组的海上安装效率,且受海况影响小	CN102616339A	2012-08-01	CN201110033443.7	2011-01-30	华锐风电科技(江苏)有限公司
62	聚风风轮装置及一种风力发电设备	一种聚风风轮装置,为一个喇叭状聚风筒或设多个喇叭状聚风筒交错在一起,构成或又隔出多个进风口大出风口小的风道,使进风口的风产生一定风力进入聚风腔,更加增强出风口的风力。聚风筒的出风口前设风轮,可设多个出风口及对应设多个风轮;风轮设固定式风斗或活动式风斗,或固定式风斗和活动式风斗兼设。一种风力发电设备,采用本发明所述的聚风风轮装置与变速装置、发电机、蓄电装置等组合而成。可建成大型、中型或小型的,便携式的可解决无电处(如海岛上)临时用电问题。本风力发电设备可使丰富的弱风资源得以利用,大量采用本发电设备发电,将来有望替代水电、火电所发电量,节约大量不可再生能源	CN102235302A	2011-11-09	CN201010155299.X	2010-04-26	黄郑隽

续表

序号	标题	摘要	公开号	公开日	申请号	申请日	申请人
63	风能波浪能联合发电系统	一种海洋能源利用技术领域的风能波浪能联合发电系统，包括：浮式基础、风力发电机组和若干波浪能发电装置，其中：波浪能发电装置设置在浮式基础周围的圆周方向上，波浪能发电装置与浮式基础固连，风力发电机组安装在浮式基础上，风力发电机组和波浪能发电装置分别与同一输电线路相连传输电能，浮式基础固定在海上。本发明避免了重复建设，达到了减少建设成本的目的；增大了浮式基础的水线面面积，有助于提高整套系统的稳性；提高了波浪利用率；节省了空间，且加强了装置的保护	CN101915202A	2010-12-15	CN201010226695.7	2010-07-15	上海交通大学
64	一种风力发电设备专用电缆的制造方法	本发明涉及一种风力发电设备专用电缆的制造方法，其制造步骤如下：选料—拉丝—导体束绞—隔离层绕包—绝缘层挤出—绝缘层辐射交联—绝缘线芯绞合成缆、空隙填充并绕包隔离层—外护套挤出—外护套辐射交联—成品检验—成品电缆包装入库，采用本方法制造出来的电缆，耐低温性能、耐扭转性能、耐臭氧侵蚀性能、耐日光老化性能、耐油性能、耐海水性能和机械物理性能都优于乙丙橡胶绝缘、氯化聚乙烯护套风能电缆的性能	CN101494105A	2009-07-29	CN200910116336.3	2009-03-13	安徽华能电缆集团有限公司
65	漠表海、多功能长城与沙尘暴防治	本发明提出一种修筑漠表海和多功能长城来根除沙尘暴灾害的技术方法。现行的植物或工程治沙方法都无法有效防治沙尘暴灾害。本发明通过修筑最大可达到或超过整个沙漠或砾漠地理范围的海洋状蓄水体，用海底覆膜及其上的海水压住流动沙砾石沉积物，通过成群连片地修筑多功能长城，不仅可以有效地阻挡和埋压沙尘物质，还创造出范围广阔、可供人类进行生产生活活动的长城间地。本发明用漠表海的淡化水解决水源问题，用建筑物风洞型风力发电机等解决能源问题，用沙漠公路网和抗地震型房屋提供优质安全的通行和居住条件，使人类去荒漠化、根治沙尘暴的渴望变成为现实。本发明使荒漠变成风能太阳能发电等产业的创业基地，变成工程搬迁移民及地质灾害高发区移民的安置基地	CN102322155A	2012-01-18	CN201110175339.1	2011-06-28	马瑞志

续表

序号	标题	摘要	公开号	公开日	申请号	申请日	申请人
66	海上风机安装平台及其风机整体安装旋转抱举机构	本发明公开了一种风机整体安装旋转抱举机构，包括门式安装架（2）、旋转动力部件（7）、立柱（51）和用于支撑塔筒（31）的吊篮（8），门式安装架（2）的两支腿（21）之间设置有抱紧机构（1），抱紧机构（1）与门式安装架（2）之间设置有提升机构（4），立柱（51）安装于抱紧机构（1）的下方，吊篮（8）通过伸缩吊绳（6）吊装于抱紧机构（1）的下方，旋转动力部件（7）的两端分别与立柱（51）和吊篮（8）连接。本发明所提供的机构能够方便地实现风机整体的升降及旋转，从而实现塔筒连接法兰的螺栓孔和风机基础连接法兰的螺栓孔的对中。本发明还公开了一种海上风机安装平台	CN102464273A	2012-05-23	CN201010538370.2	2010-11-09	三一电气有限责任公司
67	空气内能的应用及装置	本发明提供了一种空气内能的应用及装置。一种将空气内能转换成有用的动能的方法，该方法基于流过大致渐缩管嘴的空气，由于管嘴截面减小，所以该渐缩管嘴使空气加速，从而增大空气的动能。动能的增量等于空气内能（即温度）的减少量。在所述管嘴内设置有涡轮，以将气流的动能转换成机械能，所述机械能被转化成电能或传递到齿轮箱中以提供驱动力矩。使用该方法的装置可利用自然风作为气流源或利用人工气流装置。结合有人工产生气流的装置的装置可用作用于陆地、海洋交通工具和飞行器的发动机。由于管嘴内的气温降低，所以会出现水分凝结并且可积存液态水以进一步使用	CN101218430A	2008-07-09	CN200580043924.9	2005-11-16	伊斯拉埃尔·赫什伯格
68	用于深海的系泊浮式风能波浪能联合发电平台	一种风能发电技术领域的用于深海的系泊浮式风能波浪能联合发电平台，包括：风机、支撑平台和系泊系统，风机与支撑平台固定连接，支撑平台漂浮于水面并与系泊系统的一端固定相连，系泊系统的另一端固定设置于海底。本发明通过平台上下运动挤压浮体内的水通过驱动叶轮带动发电机作业，从而实现风能波浪能联合发电。本发明能量转换步骤少，结构简单，易于实现，维护方便，可广泛应用于深水海域	CN102146890A	2011-08-10	CN201110056670.1	2011-03-10	上海交通大学
69	海上风机整体式设置系统	一种海洋工程技术领域的海上风机整体式设置系统，包括：安装船、龙门架、精确定位系统、起降系统和紧固装置，龙门架位于安装船的艏艉并与精确定位系统相连接，精确定位系统设置于龙门架横梁上并与起降系统相连接，起降系统和紧固装置分别设置于精确定位系统的定位梁上。本发明使风机可以在陆上吊装完毕之后，由风电	CN102107720A	2011-06-29	CN201110008474.7	2011-01-14	上海交通大学

续表

序号	标题	摘要	公开号	公开日	申请号	申请日	申请人
69	海上风机整体式设置系统	安装船整体运输到海上风电场并完成设置。海上设置过程中无需使用大型吊装设备及除拖船外的其他船舶。本发明将精确定位系统和起降系统设置在龙门塔架上，同时配备用于运输状态的紧固装置，设置状态时桩腿打入海底，这三点确保了风机整体运输设置过程中的稳定性和可靠性	CN102107720A	2011-06-29	CN201110008474.7	2011-01-14	上海交通大学
70	一种太阳能海水淡化及浓海水资源提取装置和方法	本发明公开了一种太阳能海水淡化及浓海水资源提取装置和方法，通过太阳能综合电站做功，将浅层的海水提取至保温海水储池进行预处理和保温，海水在自然重力的作用下，流经太阳能集热器加热，通过太阳能空气集热器风机和超声波雾化设备，使海水蒸发雾化形成饱和热蒸汽，同海底深层抽出的冷海水在多级冷凝淡化室换热，饱和热蒸汽冷凝成淡水，浓缩的海水进入多级海水化学离子筛资源提取器中获取海水资源提取物。通过上述方式，本发明能够获取需要的淡水和海水资源提取物，整个过程不需要消耗常规能源，在阳光的照射下即可进行独立运行，绿色环保，可循环使用	CN103011473A	2013-04-03	CN201110285216.3	2011-09-23	常州市兴旺绿色能源有限公司
71	利用太阳能风能晒盐和发电的方法	本发明涉及一种利用太阳能风能晒盐和发电的方法，其特别之处是在将制盐设施和盐库置于太阳能风力发电站内，利用发电站内温度高、气流速度快的特点，加速水分蒸发和回收水蒸气成蒸馏水。其方法是：在卤水池中设置多只含有纤维布的圆球，太阳辐射进薄膜大棚内，大棚内的空气、含有水分的圆球上的黑色纤维布、卤水池中的海水吸收太阳热，生成水蒸气和热空气上升，其中的一部分水蒸气上升至大棚遇冷，凝结成蒸馏水，其余的水蒸气和热空气流向风筒，再沿风筒上升，带动风筒中的多只风力发电机发电；在无阳光的时间段内，盐库中的盐、卤水池中的海水和圆球释放热量，继续蒸发水分、产生蒸馏水和发电	CN102320627A	2012-01-18	CN201110164027.0	2011-06-17	冯静
72	海上站、海上站的基底以及用于建立海上站的方法	海上站（1），特别是海上风力发电站，具有可漂浮的和能够通过空腔的注水而下沉的基底（2）以及上层结构（6），所述站的功能单元（7，8）被安置在所述上层结构（6）上。所述基地（2）包括底板（3）、安置在所述底板（3）上的管座（4），以及环形地围绕所述管座（4）构造的、可注水的浮体（5），所述管座（4）在所述基底（2）的下沉的状态下突出水面（12）并且所述上层结构（6）能	CN102144091A	2011-08-03	CN200980135802.0	2009-08-27	马克斯·博格建筑两合公司

续表

序号	标题	摘要	公开号	公开日	申请号	申请日	申请人
72	海上站、海上站的基底以及用于建立海上站的方法	够装配在所述管座（4）上。在用于建立所述海上站（1）、特别是所述海上风力发电站的方法中，在港区中预先制造可漂浮的所述基底（2），在其完成之后，所述基底（2）被牵引至安装地点并且下沉，接着在安装地点通过所述站的所述上层结构（6）以及所述功能单元（7，8）来完成所述站（1）。在所述港区中，用混凝土浇筑所述基底（2）的所述底板（3），优选地由混凝土成品组件（15）构成的所述上层结构（6）的所述管座（4）被装配在所述底板（3）上，并且在装配完所述管座（4）之后，将环形地围绕所述管座（4）构造的、可注水的所述浮体（5）装配在所述底板（3）和/或所述管座（4）上	CN102144091A	2011-08-03	CN200980135802.0	2009-08-27	马克斯·博格建筑两合公司
73	利用太阳能风能晒盐和发电的装置	本发明涉及一种利用太阳能风能晒盐和发电的装置，其特别之处是将制盐设施和盐库置于太阳能风力发电站内，利用发电站内温度高、气流速度快的特点，加速水分蒸发和回收水蒸气成蒸馏水。其方法是：在卤水池中设置多只含有纤维布的圆球，太阳辐射进薄膜大棚内，大棚内的空气、含有水分的圆球上的黑色纤维布、卤水池中的海水吸收太阳热，生成水蒸气和热空气上升，其中的一部分水蒸气上升至大棚遇冷，凝结成蒸馏水，其余的水蒸气和热空气流向风筒，再沿风筒上升，带动风筒中的多只风力发电机发电；在无阳光的时间段内，盐库中的盐、卤水池中的海水和圆球释放热量，继续蒸发水分、产生蒸馏水和发电	CN102464344A	2012-05-23	CN201110164029.X	2011-06-17	冯静
74	利用自然能向电动船舶供能的系统和方法	本发明提供了一种利用自然能向电动船舶供能的系统和方法。本发明实施例通过风-光混合电站将太阳能和风能变换为电能，供码头加能场站及为电动船舶蓄电池集装箱舱充电使用，同时本系统还与市电电网相连，当白天天气晴好、风力较大时，风–光混合电站的发电电量充足，可将多余电量并入市电电网供其他负载使用，当夜晚或白天为阴雨天气、风力较弱时，可将市电电网的交流电变换为直流电，供码头加能场站及为电动船舶蓄电池集装箱舱充电使用，二者互为补充，因此实现了稳定可靠的利用自然能向电动船舶供能，降低了对石油、煤炭等不可再生能源的依赖和船舶噪声污染，缓解了能源危机，保护了大气及海洋环境	CN101478268A	2009-07-08	CN200910076864.0	2009-01-23	吴速

续表

序号	标题	摘要	公开号	公开日	申请号	申请日	申请人
75	基于改进粒子群的海岛风柴蓄发电功率优化设计方法	本发明公布了一种基于改进粒子群的海岛风柴蓄发电功率优化设计方法，所述方法包括：采集孤岛风资源数据，以小时的平均风速为单位；同时采集对应风速的负荷数据，以小时的平均负荷为单位；确定海岛风–柴–蓄负荷发电系统；对风力机的风速–功率曲线线性化；改进粒子群优化 PSO 算法；采用单位度电度电成本计算模型；采用失电率 LLP 为系统停电时间与评估期时间的比率；结果输出，得到度电成本最低时风力发电机、柴油机的台数和蓄电池的容量，以及单位度电成本预测。本发明把改进粒子群算法应用到对孤岛采用风柴蓄联合供电，按照能量的优化调度方法，在满足用电要求情况下，用电成本最低，优点是优化方法简单、效率高，获得的优化结果准确	CN102182634A	2011-09-14	CN201110094224.X	2011-04-15	河海大学
76	导风塔式风力发电机	导风塔式风力发电机是在一台风力发电机上采用多台轮毂电机组成的风力发电机组，充分利用垂直空间，与其他垂直轴发电机相比，提高了发电能力，减少占用水平空间；另外，采用了导风护罩，不仅增加了抗风强度，还增强了对风叶的正向风力，同时减少了反向风力，提高了风力利用率，增强了微风发电效率。导风塔式风力发电机占用空间小，噪声低，微风启动和低成本的特点，便于在城市内分散安装，就地供电。也适合在风口、海边建立大功率风力发电场	CN101358582A	2009-02-04	CN200810147318.7	2008-08-07	沈豪杰
77	漂浮支撑装置和风力发电机组	本发明提供一种漂浮支撑装置和风力发电机组，包括主浮箱、辅助浮箱和多条锚链；所述辅助浮箱均匀固定布设在所述主浮箱的外围；所述锚链的一端与所述主浮箱和辅助浮箱连接，另一端用于与海床连接；所述主浮箱的上端部具有用于与风力发电机组的塔筒连接的连接部。本发明提供的漂浮支撑装置和风力发电机组，主浮箱和辅助浮箱能够对风力发电机组提供支撑，通过对主浮箱和辅助浮箱材料和尺寸的选择，以及辅助浮箱的设置数量等的调整，可以漂浮在水深大于 60 米、甚至达到 1000 米的深水海域，应用海域很大，更便于海上风能的开发和应用	CN103133249A	2013-06-05	CN201110397336.2	2011-12-02	华锐风电科技（集团）股份有限公司

续表

序号	标题	摘要	公开号	公开日	申请号	申请日	申请人
78	具有周向稳定柱的单柱式海上风力发电装置	一种海洋能源利用技术领域的具有周向稳定柱的单柱式海上风力发电装置，包括：风力发电机组、单柱式基础、周向稳定柱、支撑结构、系泊系统和固定压载系统，风力发电机组固定设置于单柱式基础上，周向稳定柱固定设置于单柱式基础周围，支撑结构的两端分别与周向稳定柱和单柱式基础相连，单柱式基础的中部和底部分别与系泊系统和固定压载系统相连，系泊系统与海底连接。本发明通过设置周向稳定柱，以较小的水线面面积获得了较大的水线面惯性矩，同时借助单柱式基础压低重心，从而既满足了稳性要求又获得了良好的水动力性能，为风力发电机组提供一个稳定、经济、灵活的浮式基础，尤其适用于外海深水区域	CN102146873A	2011-08-10	CN201110080002.2	2011-03-31	上海交通大学
79	风力发电机海上运输安装的施工方法及其专用运输安装船	本发明涉及一种风力发电机海上运输安装的施工方法及其专用运输安装船，该施工方法采用的专用运输安装船包括船体，船体的艏部设置有安装系统和船体艏部搭靠装置，安装系统包括安装平台、设置在安装平台上的封固支架，以及顶升及微调位装置，封固支架用于在运输和安装过程中固定风力发电机，顶升及微调位装置用于对风力发电机进行定位安装。本发明采用运输安装船进行安装，集海上风力发电机整体运输和安装兼用，可以直接进行海上风力发电机的整体运输和安装，不受风浪影响，不需要利用专门运输船将风力发电机运输到安装现场，且不需要采用海上平台或专用起重船上的大型起重机械进行安装，建造和使用成本低	CN102278291A	2011-12-14	CN201110165594.8	2011-06-20	中交一航局第二工程有限公司
80	混合波力发电装置	本发明公开了一种混合波力发电装置，其特征在于包括上浮体和下浮体两部分；上浮体是中空的，并在一侧设有开口，所述上浮体的中空部分设有浮子用于随波浪垂荡；下浮体内部设有导电线圈、液压缸、液压马达、发电机和蓄电池；液压缸通过液压管路同液压马达相连接，液压马达的出轴通过联轴器与发电机输入轴相连接；上浮体中的浮子通过连杆连接到液压缸中的活塞上，在液压缸上部设有环绕连杆并相对液压缸位置固定的若干匝导电线圈，与导电线圈对应位置的连杆上固定磁体，导电线圈的输出端和所述发电机的电流输出电极通过整流单元后连接到蓄电池上。该装置能够提高系统的波能转换效率，发电相对稳定，受海洋生物影响较小，且成本低廉适于广泛推广	CN102003330A	2011-04-06	CN201010581636.1	2010-12-09	大连海事大学

续表

序号	标题	摘要	公开号	公开日	申请号	申请日	申请人
81	海上风力发电机组整体安装施工方法及其设备	本发明公开了一种海上风力发电机组整体安装施工方法及其设备，施工方法包括风机装载、风机拖航和风机安装三个阶段，海上风力发电机组整体安装设备，由驳船和驳船上面的固定装置组成，所述固定装置主体为桁架、桁架顶部设置有平衡夹具，桁架中部设置有液压缸悬挂系统，所述驳船前端开有U型槽，U型槽中部设置有主梁，主梁两端固定在驳船上，主梁中间设有尺寸与风机底部塔筒直径相同的开孔。本发明的海上风力发电机组整体安装施工方法，不需要大型专用浮吊及专用设备，工艺简单，成本低且能够保证海上风力发电机组的安装要求及规定；海上风力发电机组整体安装设备，结构简单，操作方便	CN102011714A	2011-04-13	CN201010506443.X	2010-10-08	中交第一航务工程局有限公司；中交一航局第三工程有限公司
82	智能变径自启动垂直轴风力发电装置	本发明公开了一种智能变径自启动垂直轴风力发电装置，采用垂直轴风力机中的直线翼型结构；通过伺服电机和齿轮齿条的组合结构实现了风轮回转半径大小的控制与调整，风速低于切入速度时风力发电装置自启动运行与自动切换功能；以及实现了风轮回转半径大小的智能控制以及风力发电装置的自启动与安全运行监控任务。本发明从改变垂直轴风力机风轮回转半径的角度，不仅提出了一种在风速不断变化的情况下，提高垂直轴风轮效率以及风力发电机输出功率的有效方法，而且给出了一种当风速低于切入速度时风力发电装置自行启动，当风速超过额定风速时风力发电装置能自我保护的有效途径，特别适合于在船舶、海洋工程平台、岛屿等风速大、风速和风向变化快的风力发电应用场合，具有结构紧凑、安装方便、风轮回转半径控制精度高和系统稳定性强的优点	CN102352818A	2012-02-15	CN201110356950.4	2011-11-11	南通纺织职业技术学院
83	多用旋转设备和包括该多用旋转设备的发电系统	本发明涉及一种多用旋转设备和包括该多用旋转设备的发电系统，并且更特别地，涉及一种被配置成有效地引导均匀或非均匀且起伏变化显著的载荷，以最大化旋转效率，并从而生成高效的清洁能源，而不损害全球环境的多用旋转设备，和包括该多用旋转设备的发电系统，其中所述载荷从在地面、溪流、海洋等中生成的各种流体的流动能中获得。本发明涉及一种多用旋转设备，包括：转子，该转子在圆周方向上包括多个叶片；以及载荷导向体，该载荷导向体流	CN103459832A	2013-12-18	CN201280017001.6	2012-03-16	裴明淳

续表

序号	标题	摘要	公开号	公开日	申请号	申请日	申请人
83	多用旋转设备和包括该多用旋转设备的发电系统	入转子内部的流体的流动进行引导，其中，所述载荷导向体包括上支撑部件和下支撑部件，所述上支撑部件和下支撑部件被布置成在该载荷导向体的上侧和下侧彼此相对、且相互连接，以使转子被可旋转地安装；载荷导向板，该载荷导向板对应于叶片，并且在经线方向上被可旋转地安装在所述上支撑部件和所述下支撑部件之间；以及止动销，该止动销在面向所述上支撑部件和所述下支撑部件的内表面上形成，用于控制所述载荷导向板的旋转角度	CN103459832A	2013-12-18	CN201280017001.6	2012-03-16	裴明淳
84	一种利用冷能的海岛供能系统	本发明涉及一种利用冷能的海岛供能系统，包括：LNG 发电系统单元、可再生能源发电和储能单元、低温多效蒸馏海水淡化系统，是一种基于 LNG 发电机以及风能、太阳能、波浪能等不稳定的可再生能源发电和储能系统组成的联合海岛供能系统，系统余热作为海水淡化单元的热源。在储能过程中，贮存 LNG 经蓄冷气化转化为高压天然气 NG，进入 NG 储罐和管网系统储存备用；其次，将空气压缩间冷经过蓄冷回收冷能并节流后液化储存。在用电过程中，高压天然气 NG 吸热升温后进入涡轮膨胀机做功，后进入小型燃气轮机燃烧室与压缩空气燃烧带动燃机涡轮做功；液态空气经过蓄冷和逐步吸热升温进入涡轮膨胀机做功。本供能系统可同时实现岛上电能和淡水供给，并将不稳定的可再生能源转化为稳定可控的发电输出，实现了系统效率提升和用电成本降低，与传统海岛供能系统相比具有巨大优势	CN103993920A	2014-08-20	CN201410226305.4	2014-05-27	鄂尔多斯大规模储能技术研究所；中国科学院工程热物理研究所
85	风力发电飞机	风力发电飞机是将风力发电机–电力发动机可逆机组 9（见附图），安装在特异飞行器上，成为可飞行的风力发电装置，飞机主体是三角形翼身合一的飞翼，装 12 台内嵌电动涵道风扇发动机 4，产生升力。6 台前伸电动涵道风扇发动机 3，竖直状态产生升力，水平状态产生拉力。次飞翼 7 是可逆机组 9 的支持平台。风力发电机产生的电能储于蓄电池中，电力发动机使飞机以 200kM/h 航速往返于风电场和换电站之间。蓄电池储能和逆变器装置能解决风能间歇性的上网难题。远海或深海的发电优势超过目前任何风电装置。在风电场上用风力发电飞机进行立体风力发电，能成倍增加风电场发电量。西风带上风力发电飞机发电量大价低。西风电力飞机的运费低于海轮	CN102582819A	2012-07-18	CN201010244282.1	2010-08-03	王庆源；王茜

续表

序号	标题	摘要	公开号	公开日	申请号	申请日	申请人
86	一种海上风电机组的偏航系统及其运行方法	一种海上风电机组的偏航系统及其运行方法，包括风向传感器，偏航控制器，偏航变频器，偏航减速电机，偏航回转支撑，偏航制动器，其特征在于：采用分散式的偏航变频器结构，由一个偏航控制器控制多个偏航变频器，再由每个偏航变频器驱动一到多个偏航减速电机来实现偏航运动；偏航控制器通过风速风向仪得到控制信号。本发明采用分散式的偏航变频器结构，由一个偏航控制器控制多个偏航变频器，再由每个偏航变频器驱动一到多个偏航减速电机来实现偏航运动，可以在一部分风电机组出现故障时，只需要关停出现故障部分的偏航变频器，则仍可以让风电机组在偏航故障模式下根据控制继续发电，提高可利用率	CN102359434A	2012-02-22	CN201110280675.2	2011-09-21	南车株洲电力机车研究所有限公司
87	漂浮式海洋风能与波浪能混合发电平台	本发明的目的在于提供漂浮式海洋风能与波浪能混合发电平台，包括立轴风力发电机、摆动式波浪发电装置、浮体，立轴风力发电机和摆动式波浪发电装置分别安装在浮体上；所述的摆动式波浪发电装置包括浮子、摆动杆、波浪发电机，浮子连接摆动杆，摆动杆通过波浪运动换向装置连接波浪发电机，波浪发电机通过电力变换装置连接储能装置。本发明扩展了混合发电平台的适用范围，提高了发电平台的稳定性和安全性能，降低了建设成本和维修费用，主动失速控制和变相位控制提高了发电效率，是一种可靠的海上发电平台	CN102900623A	2013-01-30	CN201210414500.0	2012-10-26	哈尔滨工程大学
88	一种防翻倾悬浮式风电机组	本发明一种防翻倾悬浮式风电机组，涉及风力发电技术，包括风轮、塔架、浮子、斜拉钢缆、平衡杆及正拉弹性钢缆，将风力机固定在浮子上，浮子用具有一定弹性的斜拉钢缆系在海底的斜拉混凝土墩上，平衡杆固定在浮子的正下方，平衡杆下端用正拉弹性钢缆系在其正下方的海底正拉混凝土墩上，一旦风速较高，机组倾斜较大，正拉弹性钢缆被拉伸，产生拉力F，这一拉力F将迫使机组恢复到正常位置。本发明的悬浮式风电机组具有防翻倾功能，使得海上悬浮式风力发电机组在风速较高的工况下运行时，能够避免风电机组的整体翻倾甚至毁机事故，提高了海上悬浮式风电机组的运行安全性能	CN101566130A	2009-10-28	CN200810104766.9	2008-04-23	中国科学院工程热物理研究所

续表

序号	标题	摘要	公开号	公开日	申请号	申请日	申请人
89	发电和推进装置的螺旋透平	一种可在多方向、超低水头流体下单向、高速转动的螺旋透平组件。该组件包括水平或垂直布置的螺旋透平（304）件阵列。每一透平件包括数个其翼型呈机翼形的螺旋叶片（302）。这些模件可装到由轻型结构件（316，324）支撑的转轴（322）上，而轻型结构件用牵索（318，326）固定到地面上。该螺旋透平（400）还可利用海洋波浪的动力推进海船（406）。在另一实施例中，在螺旋透平中使用一圆筒形分流器（206）把流体引向透平的叶片。装有分流器的螺旋透平可用来升降一浸没在急流中或在流体中受拖动的物体（504）。该透平也可包括两圈或多圈螺旋叶片（220，222）	CN1188526A	1998-07-22	CN96194908.2	1996-03-29	东北大学
90	一种风电互补的液压驱动海水淡化装置	本发明涉及海水淡化领域，具体是一种风电互补的液压驱动海水淡化装置，包括海水增压系统、风力驱动的液压增压系统及反渗透海水淡化设施。所述液压水压增压系统包括油箱、低压油泵、输油管及风力驱动的液压增压机组，所述液压增压机组包括机舱、安装于机舱前部的风力机叶轮及安装于机舱内部的顺次固定连接的叶轮主轴、加速齿轮箱、联轴器和液压泵。风力驱动液压泵产生高压油，液压水压增压泵以高压油为动力对海水加压进行海水反渗透淡化，当风力不足或无风时，可适当启用电动水泵加压以保证海水淡化设施工作。本发明用于反渗透海水淡化，减少了电能消耗，具有投资省、效率高等优势，特别适合在众多岛屿和沿海地区使用	CN102276016A	2011-12-14	CN201110151044.0	2011-06-08	吴速
91	基于LNG冷能利用的太阳能和风能联合驱动的海水淡化系统	本发明公开了一种基于LNG冷能利用的太阳能和风能联合驱动的海水淡化系统，包括为整个海水淡化系统提供能量的太阳能集热循环系统、与太阳能集热循环系统连接的第一级有机朗肯循环系统、与第一级有机朗肯循环系统连接的第二级有机朗肯循环系统，以及海水淡化装置，其中，所述海水淡化装置的机械泵或电动泵被第一级有机朗肯循环系统和或第二级有机朗肯循环系统产生的机械能和或电能驱动，所述第二级有机朗肯循环系统的冷源由LNG系统提供	CN102795693A	2012-11-28	CN201210277106.7	2012-08-06	西安交通大学

续表

序号	标题	摘要	公开号	公开日	申请号	申请日	申请人
92	海上组合发电系统	本发明涉及一种用于发电的组合海上系统，包括：带有用于从风中汲取能量且将其转换为电力的发电机的海上风车，连接于该风车且用于将产生的电力输送至海上或陆地消费者的电力输出电缆，以及用于从波浪中汲取能量的至少一个海上波浪动力单元。该海上波浪动力单元的特征在于：所述波浪动力单元产生的电力与通过风车单元产生的电力通过相同的电力输出电缆被传送	CN105201733A	2015-12-30	CN201510507853.9	2009-02-26	辛格尔浮筒系船公司
93	建设海上风力发电场的方法	本发明公开了一种建设海上风力发电场的方法，包括以下步骤：1）将围堰桩（11）按照预定规律固定于预定海域的海床；2）将止水带（12）固定于相邻两个所述围堰桩（11）之间，形成风机岛围堰；3）向所述风机岛围堰内填充物质，形成风机岛（1）；4）在所述风机岛（1）上按照在陆地安装风力发电机组的方法安装风力发电机组。本发明所提供的建设海上风力发电场的方法不仅能够降低风力发电场建设时对于天气情况的依赖程度，降低海上风力发电场的建设成本和维护成本；而且建设的海上风力发电场的可靠性高，避免了建设完成后的风力发电机组被船只撞击，延长了其使用寿命	CN101787686A	2010-07-28	CN201010034068.3	2010-01-13	史颜
94	原位开采海底天然气水合物的装置及其方法	原位开采海底天然气水合物的装置及其方法，属于天然气水合物开采技术领域。本发明装置包括太阳能-风能发电系统、旋转伸缩水枪、保温管道、输送管道、套管、海洋平台、海水泵、电加热器、CO_2液体储罐、分解促进剂储罐、高压泵、压力表、过滤装置、储水罐、气液分离器、气体回收装置。本发明先采用热激化法和化学试剂催化法引发天然气水合物的分解反应，然后采用高压CO_2射流技术，在发生置换反应的同时切割天然气水合物。本发明充分利用海洋区域丰富的太阳能和风能开采天然气水合物，清洁环保；将热激化法、化学试剂催化法和CO_2置换法互相配合使用，加大开采速率，降低了化学试剂的用量，有效保证了海底地质的稳定，同时在一定程度上处理了温室气体	CN102704894A	2012-10-03	CN201210172216.7	2012-05-30	上海交通大学

续表

序号	标题	摘要	公开号	公开日	申请号	申请日	申请人
95	一种基于主动平衡控制的海上悬浮式风力发电机组	本发明公开了一种基于主动平衡控制的海上悬浮式风力发电机组，在悬浮式底座（3）上设置有卷扬机构（4）、平衡传感器（6）和实时平衡控制模块，所述卷扬机构（4）对称地设置在悬浮式底座（3）上，所述斜拉钢缆（5）通过卷扬机构（4）与悬浮式底座（3）连接，平衡传感器（6）发出倾斜角度信号控制卷扬机构（4）收缩或伸长斜拉钢缆（5）；当机组向某个方向倾斜，平衡传感器（6）感应其变化，实时平衡控制模块接收平衡传感器（6）信号控制相应方向的卷扬机构（4）通过收缩或伸长钢缆来迫使风机（1）保持平衡，有效地防止风电机组因为风速较高或海浪较大而倾斜甚至倾翻，确保风电机组安全，提高风力发电效率	CN102392796A	2012-03-28	CN201110307444.6	2011-10-11	苏州市思玛特电力科技有限公司
96	一种太阳能海水淡化机、蒸馏水机、太阳能锅炉机	本发明公开了一种太阳能海水淡化机、蒸馏水机、太阳能锅炉机，一种追日机加多阳机的结构。海水淡化机可将海水直接转化为蒸馏水，蒸馏水机也可将非净水转化为蒸馏水。太阳能锅炉机分有：太阳能热水锅炉、太阳能低压蒸汽发生器、太阳能中压蒸汽发生器、太阳能高压蒸汽发生器。这是光热发电工程的设备。采用多台蒸汽发生器串联、并联、辅助热源储存在地下保温沟中的方法来获得高压蒸汽。为了实现全天候发电，还采用“风光互补发电机”辅助并联，达到电能、风能与热能并用，作夜间的辅助能源。电能的辅助可控定量定温的高压蒸汽，令汽轮机均匀运转发电	CN102887556A	2013-01-23	CN201210069591.9	2012-03-06	吴宣湖
97	垂直轴型风力发电装置及叶片的制造方法、风力发电装置的风车的安装构造及安装方法，以及防风用风力发电厂	本发明提供能使叶片稳定旋转，且通过轻量化而使叶片的旋转更顺畅，由此可提升发电效率的垂直轴型风力发电装置及叶片的制造方法、能够容易地设置在建筑物的上部的风力发电装置的风车的安装构造及安装方法，以及使用沿着海岸线设置的垂直轴型风力发电装置或风车而防风的防风用风力发电厂	CN1802503A	2006-07-12	CN200480016016.6	2004-01-07	神钢电机株式会社

续表

序号	标题	摘要	公开号	公开日	申请号	申请日	申请人
98	深强地锚钢架大立柱风能波浪能连合发电厂机组系列机组	本发明涉及了一种深强地锚钢架大立柱广口聚风密封轮斗式风力发电机组与密封中空浮箱液压波浪能、潮汐能、海啸能发电机组系列连合发电厂机组装置。旨在提供一种结构简单，易于加工制造施工，效率极高，功率极其巨大，可收集利用把风速从 0.3～50m/s 以上，高度从 10～500 米海上包括礁石高空的分散危险而巨大的能量，同时还可把波浪能、潮汐能、海啸能吸收、利用、储存直接发出 50Hz 或 60Hz 交电可与水电、火电并网互补，可替代一次能源的动力装置，可阻止台风、飓风的破坏，并利用其巨大能量发电，可向大海扩张要土地，要耕地，要养殖基地的装置，是捕鱼的工具和场地。是台风、飓风、海啸的钢铁屏障长城并兼任海上灾难最好的救生塔	CN1945011A	2007-04-11	CN200610087357.3	2006-06-12	丁陶生
99	海上风能发电风机安装的施工方法	本发明具体为一种海上风能发电风机安装的施工方法，解决了现有海上风能发电风机安装存在费用高且设备不易租赁的问题。a、工作平台上架设有带连接横梁的支撑立柱；b、支撑立柱内布置导向立柱；c、安装卷扬机且导向立柱内设有支撑环梁，支撑环梁内壁及下侧分别设有液压驱动插销及液压千斤顶；d、将塔筒的第一节塔筒滑至安装平台上；e、采用卷扬机将第一节塔筒起吊至预定高度后，液压驱动插销插入第一节塔筒的环梁上；f、卷扬机吊起第二节塔筒至液压驱动插销插入第二节塔筒的环梁上，重复上述步骤至塔筒安装完成；g、安装叶片，并在塔筒环梁与工作平台之间用加固绳索连接。本发明满足风机安装要求的同时降低了安装费用，而且保证了施工的质量	CN102444139A	2012-05-09	CN201110439944.5	2011-12-26	中铁三局集团有限公司
100	风力发电机组海上整体吊装的方法	一种风力发电机组海上整体吊装的方法，采用以下步骤：将风力发电机组各部件在陆地上预制组装成一个整体装运到驳船上。将驳船傍靠在起重船的一侧就位后，操纵吊机放下主吊钩，经过吊装框架上的钢丝绳分别与设置在风力发电机组上吊耳和吊机的上钩头拴挂，操纵吊机旋转到塔形基架的上方，将风力发电机组上的基座钢架下端对准塔形基架顶部的管口上，主钩钩头下放，风力发电机组便被安装在塔形基架上并固定。这种方法大大缩短海上吊装工期，降低了海上吊装及组装风力发电机组风险，减少安装的成本	CN101429928A	2009-05-13	CN200710177073.8	2007-11-09	中国海洋石油总公司；海洋石油工程股份有限公司

资料来源：国家知识产权局网站. http://pss-system.cnipa.gov.cn/sipopublicsearch/portal/uiIndex.shtml

附表二 部分太阳能发电技术专利清单

序号	标题	公开号	公开日	申请号	申请日	申请人
1	太阳能集聚接收器	CN1689158A	2005-10-26	CN03824035.1	2003-08-13	埃斯蒙德·T·戈艾；伯纳德·F·巴赖斯
2	光机电一体化户用太阳能热水器	CN101639293A	2010-02-03	CN200910091015.2	2009-08-18	北京天普太阳能工业有限公司
3	一种侧拉式太阳能自动跟踪装置	CN101943914A	2011-01-12	CN201010503502.8	2010-10-12	许启明
4	地面太阳能阵列	CN101359884A	2009-02-04	CN200710163494.5	2007-10-25	昂科公司
5	塔式太阳能热发电中定日镜自动跟踪太阳轨迹的控制方法	CN101614444A	2009-12-30	CN200810115370.4	2008-06-23	中国华电工程（集团）有限公司
6	用于太阳能光伏并网的逆变电路及其装置	CN101667789A	2010-03-10	CN200910106715.4	2009-04-14	赵磊
7	一种中央塔式接收器太阳能发电厂中的定日镜定标和跟踪控制	CN101918769A	2010-12-15	CN200880122596.5	2008-10-23	伊苏勒有限公司
8	利用太阳能的智能化筑路与沙漠表面硬化系统	CN101200889A	2008-06-18	CN200710161174.6	2007-12-20	张德胜
9	有机太阳能电子标签及其系统	CN101923659A	2010-12-22	CN201010245940.9	2010-08-05	苏州柔印光电科技有限公司
10	使用纳米级共金属结构的用于太阳能转换的装置和方法	CN101313404A	2008-11-26	CN200680030910.8	2006-08-24	波士顿学院董事会
11	利用天然工质以及太阳能或废热的发电、空调及供暖装置	CN1804502A	2006-07-19	CN200610010646.3	2006-01-23	杜培俭
12	带太阳能电池组件的光伏温室及发电装置	CN101444176A	2009-06-03	CN200810218323.2	2008-12-12	李毅
13	一种用于光伏发电的自适应对日跟踪装置	CN101267172A	2008-09-17	CN200710020572.6	2007-03-12	江苏振发太阳能科技发展有限公司
14	太阳能广告灯及其制造方法	CN1728911A	2006-02-01	CN200510035857.8	2005-07-19	陈五奎
15	太阳能发电模块用连接结构体	CN102197094A	2011-09-21	CN200980142098.1	2009-10-22	旭化成化学株式会社
16	一种能减少或消除太阳能跟踪传动系统回差的装置	CN101666554A	2010-03-10	CN200810013097.4	2008-09-04	沈阳捷科特科技有限公司
17	使用 III-V 族半导体太阳能电池的聚光式光伏系统模块	CN102044585A	2011-05-04	CN201010259060.7	2010-08-19	安科太阳能公司
18	防止有害的太阳能电池极化	CN102945864A	2013-02-27	CN201210443834.0	2006-01-20	太阳能公司
19	一种太阳能接线盒	CN101741035A	2010-06-16	CN201010109027.6	2010-02-08	许建方；陈乐群
20	基于数字信号处理器的光伏发电最大功率跟踪控制装置	CN101227090A	2008-07-23	CN200710150685.8	2007-12-03	天津理工大学
21	供在集中太阳能系统中使用的太阳能电池模块	CN102651415A	2012-08-29	CN201110126862.5	2011-05-12	安科太阳能公司

续表

序号	标题	公开号	公开日	申请号	申请日	申请人
22	电连接器及其生产方法和用于其的电线和太阳能模块结构	CN101106224A	2008-01-16	CN200710128750.7	2007-07-12	蒂科电子 AMP 有限责任公司
23	供在集中太阳能系统中使用的太阳能电池接纳器	CN102651414A	2012-08-29	CN201110126842.8	2011-05-12	安科太阳能公司
24	防止有害的太阳能电池极化	CN102683442A	2012-09-19	CN201210112491.X	2006-01-20	太阳能公司
25	钢缆式阵列联动太阳能利用斜轴跟踪机构	CN101976976A	2011-02-16	CN201010514556.4	2010-10-21	屈良
26	太阳能光伏三相微逆变器以及太阳能光伏发电系统	CN102185507A	2011-09-14	CN201110122492.8	2011-05-11	浙江昱能光伏科技集成有限公司
27	呼吸式太阳能光伏玻璃幕墙及其用途	CN101100880A	2008-01-09	CN200710075269.6	2007-07-25	李毅
28	一种栽培西红柿的太阳能光伏大棚	CN101455165A	2009-06-17	CN200810241339.5	2008-12-18	李毅
29	一种带有功率解耦电路的反激式微型光伏并网逆变器及其控制方法	CN102522766A	2012-06-27	CN201110347169.0	2011-11-04	浙江大学；浙江昱能光伏科技集成有限公司
30	太阳能联合供能系统及其方法	CN101964606A	2011-02-02	CN201010263093.9	2010-08-25	新奥科技发展有限公司
31	移动终端和用于控制其显示器的方法	CN101594402A	2009-12-02	CN200910128169.4	2009-03-12	LG 电子株式会社
32	太阳能充电混合动力系统	CN101802399A	2010-08-11	CN200880106598.5	2008-09-16	福特全球技术公司
33	包括直接由光伏发电设备供应的高压 DC 传输装置的电源系统	CN102272943A	2011-12-07	CN200980154465.X	2009-12-30	肖特太阳能公司；西门子股份公司
34	使同光漏斗反射法在地球上实现数倍聚光的太阳能光伏电池发电装置	CN1780136A	2006-05-31	CN200510200596.0	2005-10-12	陈应天
35	一种平流层电-电混合太阳能飞艇的能源供给系统	CN102060107A	2011-05-18	CN201010562953.9	2010-11-26	北京航空航天大学
36	二次电池；太阳能发电系统、风力发电系统和车辆；以及二次电池的制造方法	CN102163735A	2011-08-24	CN201110039410.3	2011-02-15	夏普株式会社
37	用于产生电能的太阳能模块	CN1866547A	2006-11-22	CN200610080120.2	2006-04-28	蒂科电子 AMP 有限责任公司
38	一种地面发电用太阳能电池串和太阳能电池组件及其所用的太阳能电池片	CN101867321A	2010-10-20	CN201010187517.8	2010-05-31	江西赛维 LDK 太阳能高科技有限公司
39	太阳能全自动跟日机械装置	CN101776917A	2010-07-14	CN200910215498.2	2009-12-30	刘军华
40	具有图案化玻璃集中器的光伏装置	CN102577079A	2012-07-11	CN201080036082.5	2010-07-14	北美 AGC 平板玻璃公司

续表

序号	标题	公开号	公开日	申请号	申请日	申请人
41	太阳光发电用树脂构件的室外暴露物性改良方法以及其中所使用的树脂物性改良剂	CN102471594A	2012-05-23	CN201080033058.6	2010-07-27	大日精化工业株式会社
42	由电动推杆控制的双轴自动跟踪太阳的光伏发电装置	CN102195527A	2011-09-21	CN201110140323.7	2011-05-27	常蓬彬
43	基于单片机的太阳能电池自动跟踪装置以及控制方法	CN101969280A	2011-02-09	CN201010299480.8	2010-09-27	江苏大学
44	布置太阳能电池和反射器的方法和设备	CN101496181A	2009-07-29	CN200780028485.3	2007-06-29	丹尼尔·西蒙
45	一种用于交流侧包含变压器的光伏并网逆变器并网运行方法	CN101621205A	2010-01-06	CN200910144505.4	2009-08-13	合肥阳光电源有限公司
46	钢索控制追日式太阳能发电设备	CN102868322A	2013-01-09	CN201110210440.6	2011-07-26	上阳能源科技有限公司；罗家庆
47	太阳能光伏发电——热水器复合组件及系统	CN1831447A	2006-09-13	CN200610010805.X	2006-04-11	涂济民
48	聚光透镜、复眼式透镜聚光器及复眼式聚光太阳电池组件	CN101943765A	2011-01-12	CN201010264040.9	2010-08-27	成都钟顺科技发展有限公司
49	太阳能光伏发电系统应用在苹果树嫁接上的养护装置	CN101637103A	2010-02-03	CN200910183979.X	2009-08-17	无锡市新区梅村镇同春太阳能光伏农业种植园
50	聚酯树脂组合物，其制备方法，聚酯膜和太阳能电池发电组件	CN102190868A	2011-09-21	CN201110058268.7	2011-03-08	富士胶片株式会社
51	太阳能光伏发电自动跟踪系统	CN101571321A	2009-11-04	CN200910038907.6	2009-04-23	张训
52	光伏组件用接线盒的监测方法	CN101958665A	2011-01-26	CN201010262331.4	2010-08-23	吕纪坤
53	温室的聚光太阳能发电	CN103229000A	2013-07-31	CN201180042706.9	2011-07-02	玻点太阳能有限公司
54	太阳能收集器及包括所述太阳能收集器的发电设备	CN102356284A	2012-02-15	CN201080012407.6	2010-02-08	索非亚安提珀利斯能量发展公司；原子能与替代能源委员会
55	移动终端及其控制方法	CN101877734A	2010-11-03	CN201010170423.X	2010-04-30	LG 电子株式会社
56	一种实现太阳能电池最大功率点跟踪的改良导纳增量法	CN102289240A	2011-12-21	CN201110124755.9	2011-05-13	中国电子科技集团公司第三十六研究所
57	太阳能光伏三相微逆变器以及太阳能光伏发电系统	CN102122897A	2011-07-13	CN201110101779.2	2011-04-22	浙江昱能光伏科技集成有限公司
58	太阳能光伏系统及其能量采集优化方法和故障检测方法	CN102291052A	2011-12-21	CN201110241669.6	2011-08-22	浙江昱能光伏科技集成有限公司
59	便携式终端	CN102053665A	2011-05-11	CN201010508387.3	2010-10-08	LG 电子株式会社

续表

序号	标题	公开号	公开日	申请号	申请日	申请人
60	消除直流输入端纹波的单相逆变器及太阳能光伏发电系统	CN102255482A	2011-11-23	CN201110188748.5	2011-07-05	浙江昱能光伏科技集成有限公司
61	太阳能光伏系统及其故障探测方法	CN102158129A	2011-08-17	CN201110032896.8	2011-01-30	浙江昱能光伏科技集成有限公司
62	风力发电与太阳能板整合的电力供应装置	CN101514674A	2009-08-26	CN200810080724.6	2008-02-18	杨良智；陈寿山
63	带有聚光器的光伏器件	CN101814864A	2010-08-25	CN201010155300.9	2010-02-24	肖特公开股份有限公司
64	功率调节器和太阳光发电系统	CN101834543A	2010-09-15	CN201010126156.6	2010-02-25	欧姆龙株式会社；国立大学法人东京工业大学
65	能量管理系统、能量管理装置以及能量管理方法	CN102208882A	2011-10-05	CN201110041790.4	2011-02-18	株式会社日立制作所
66	高效聚光光伏太阳追踪装置和方法	CN101674033A	2010-03-17	CN200910177897.4	2009-09-10	罢漏株式会社
67	发电系统	CN101228686A	2008-07-23	CN200680027130.8	2006-07-24	丰田自动车株式会社
68	混合型太阳能收集器和包括至少一个这样的收集器的太阳能发电厂	CN102576774A	2012-07-11	CN201080039048.3	2010-07-30	阿雷瓦核废料回收公司
69	发光物体及其应用	CN101840077A	2010-09-22	CN201010154236.2	2006-02-16	荷兰科学技术基金会
70	液晶显示面板阵列基板及其制造方法	CN101685218A	2010-03-31	CN200810222779.6	2008-09-24	北京京东方光电科技有限公司
71	光机电一体化户用太阳能热水器	CN101639293A	2010-02-03	CN200910091015.2	2009-08-18	北京天普太阳能工业有限公司
72	地面太阳能阵列	CN101359884A	2009-02-04	CN200710163494.5	2007-10-25	昂科公司
73	太阳能集聚接收器	CN1689158A	2005-10-26	CN03824035.1	2003-08-13	埃斯蒙德·T·戈艾；伯纳德·F·巴赖斯
74	塔式太阳能热发电中定日镜自动跟踪太阳轨迹的控制方法	CN101614444A	2009-12-30	CN200810115370.4	2008-06-23	中国华电工程（集团）有限公司
75	利用太阳能的智能化筑路与沙漠表面硬化系统	CN101200889A	2008-06-18	CN200710161174.6	2007-12-20	张德胜
76	有机太阳能电子标签及其系统	CN101923659A	2010-12-22	CN201010245940.9	2010-08-05	苏州柔印光电科技有限公司
77	带太阳能电池组件的光伏温室及发电装置	CN101444176A	2009-06-03	CN200810218323.2	2008-12-12	李毅
78	利用天然工质以及太阳能或废热的发电、空调及供暖装置	CN101804502A	2006-07-19	CN200610010646.3	2006-01-23	杜培俭
79	用于太阳能光伏并网的逆变电路及其装置	CN101667789A	2010-03-10	CN200910106715.4	2009-04-14	赵磊
80	一种太阳能接线盒	CN101741035A	2010-06-16	CN201010109027.6	2010-02-08	许建方；陈乐群

续表

序号	标题	公开号	公开日	申请号	申请日	申请人
81	一种用于光伏发电的自适应对日跟踪装置	CN101267172A	2008-09-17	CN200710020572.6	2007-03-12	江苏振发太阳能科技发展有限公司
82	一种栽培西红柿的太阳能光伏大棚	CN101455165A	2009-06-17	CN200810241339.5	2008-12-18	李毅
83	呼吸式太阳能光伏玻璃幕墙	CN101100880A	2008-07-09	CN200710075269.6	2007-07-25	李毅
84	使用纳米级共金属结构的用于太阳能转换的装置和方法	CN101313404A	2008-11-26	CN200680030910.8	2006-08-24	波士顿学院董事会
85	基于数字信号处理器的光伏发电最大功率跟踪控制装置	CN101227090A	2008-07-23	CN200710150685.8	2007-12-03	天津理工大学
86	光伏发电系统防雷电控制装置	CN101950956A	2011-01-19	CN201010531187.X	2010-11-03	英利能源（中国）有限公司
87	包括直接由光伏发电设备供应的高压 DC 传输装置的电源系统	CN102272943A	2011-12-07	CN200980154465.X	2009-12-30	肖特太阳能公司；西门子股份公司
88	钢缆式阵列联动太阳能利用斜轴跟踪机构	CN101976976A	2011-02-16	CN201010514556.4	2010-10-21	屈良
89	一种带有功率解耦电路的反激式微型光伏并网逆变器及其控制方法	CN102522766A	2012-06-27	CN201110347169.0	2011-11-04	浙江大学；浙江昱能科技有限公司
90	太阳能充电混合动力系统	CN101802399A	2010-08-11	CN200880106598.5	2008-09-16	福特全球技术公司
91	用于产生电能的太阳能模块	CN101866547A	2006-11-22	CN200610080120.2	2006-04-28	泰科电子 AMP 有限责任公司
92	一种平流层电-电混合太阳能飞艇的能源供给系统	CN102060107A	2011-05-18	CN201010562953.9	2010-11-26	北京航空航天大学
93	一种移相软开关高频隔离型光伏并网逆变器	CN102307020A	2012-01-04	CN201110260894.4	2011-09-05	华南理工大学
94	太阳能联合供能系统及其方法	CN101964606A	2011-02-02	CN201010263093.9	2010-08-25	新奥科技发展有限公司
95	太阳能全自动跟日机械装置	CN101776917A	2010-07-14	CN200910215498.2	2009-12-30	刘军华
96	一种地面发电用太阳能电池串和太阳能电池组件及其所用的太阳能电池片	CN101867321A	2010-10-20	CN201010187517.8	2010-05-31	江西赛维 LDK 太阳能高科技有限公司
97	一种用于交流侧包含变压器的光伏并网逆变器并网运行方法	CN101621205A	2010-01-06	CN200910144505.4	2009-08-13	合肥阳光电源股份有限公司
98	用于减小太阳能收集器系统损耗的系统和方法	CN102044885A	2011-05-04	CN201010533242.9	2010-10-20	通用电气公司
99	太阳能光伏三相微逆变器以及太阳能光伏发电系统	CN102185507A	2011-09-14	CN201110122492.8	2011-05-11	浙江昱能光伏科技集成有限公司
100	使同光漏斗实现数倍聚光的太阳能光伏电池发电装置	CN1780136A	2006-05-31	CN200510200596.0	2005-10-12	陈应天

资料来源：国家知识产权局网站. http://pss-system.cnipa.gov.cn/sipopublicsearch/portal/uiIndex.shtml

附表三　部分太阳能集热技术专利清单

序号	标题	公开号	公开日	申请号	申请日	申请人
1	太阳集热器、阳光聚集反射器、阳光聚集系统和太阳能利用系统	CN101027524A	2007-08-29	CN200580029052.0	2005-08-31	国立大学法人东京工业大学
2	光机电一体化户用太阳能热水器	CN101639293A	2010-02-03	CN200910091015.2	2009-08-18	北京天普太阳能工业有限公司
3	太阳能热收集器的改进	CN102099637A	2011-06-15	CN200980128315.1	2009-06-09	威萨尔德动力股份有限公司
4	线性菲涅尔太阳能阵列及其部件	CN101836054A	2010-09-15	CN200880112767.6	2008-08-27	奥斯拉公司
5	太阳能跟踪器	CN101454619A	2009-06-10	CN200780017811.0	2007-03-12	联合工艺公司
6	塔式太阳能热发电中定日镜自动跟踪太阳轨迹的控制方法	CN101614444A	2009-12-30	CN200810115370.4	2008-06-23	中国华电工程（集团）有限公司
7	太阳能电池板安装系统	CN101426988A	2009-05-06	CN200580015652.1	2005-05-13	安德拉太阳能公司
8	高性能多层复合太阳选择性吸收涂层及其制备方法	CN101598468A	2009-12-09	CN200910152383.3	2009-06-25	兰州大成自动化工程有限公司；兰州大成真空科技有限公司；常州大成绿色镀膜科技有限公司
9	一种中央塔式接收器太阳能发电厂中的定日镜定标和跟踪控制	CN101918769A	2010-12-15	CN200880122596.5	2008-10-23	伊苏勒有限公司
10	具有真空密闭玻璃-金属密封的真空太阳能热面板	CN102124282A	2011-07-13	CN200980132040.9	2009-07-08	TVP 太阳能股份有限公司
11	太阳能光热玻璃幕墙	CN101922189A	2010-12-22	CN200910148308.X	2009-06-15	刘伟杰
12	用于太阳能收集器系统的吸气剂支撑组件	CN1720419A	2006-01-11	CN03825785.8	2003-08-07	索莱尔太阳能系统有限公司
13	一种太阳能空调	CN101666529A	2010-03-10	CN200910102262.8	2009-09-10	顾全军
14	利用天然工质以及太阳能或废热的发电、空调及供暖装置	CN1804502A	2006-07-19	CN200610010646.3	2006-01-23	杜培俭
15	太阳能收集器	CN101688693A	2010-03-31	CN200880017414.8	2008-05-30	金斯潘控股有限公司
16	一种太阳能选择性吸收涂层及其制备方法	CN101266080A	2008-09-17	CN200810016012.8	2008-05-08	山东桑乐太阳能有限公司
17	太阳能收集器	CN102165269A	2011-08-24	CN200980137407.6	2009-09-25	索尔法斯特私人有限公司

续表

序号	标题	公开号	公开日	申请号	申请日	申请人
18	单元式住宅太阳能集中供热水系统	CN101726036A	2010-06-09	CN201010111686.3	2010-02-08	河海大学常州校区
19	线性菲涅尔太阳能阵列	CN101836055A	2010-09-15	CN200880112788.8	2008-08-27	奥斯拉公司
20	太阳集热器以及相关系统	CN101825349A	2010-09-08	CN201010145554.2	2005-08-31	国立大学法人东京工业大学
21	用于太阳能蓄热器的传热流体的仅在蒸汽状态下的循环	CN102483263A	2012-05-30	CN201080038863.8	2010-06-30	威萨尔德动力股份有限公司
22	支撑支臂、柱状抛物面太阳能收集器支撑件及制造所述支臂的方法	CN101305247A	2008-11-12	CN200680042257.7	2006-07-18	SENER 工程系统私人控股公司
23	太阳能系统的辐射热量护罩	CN1608189A	2005-04-20	CN02826061.9	2002-11-13	索勒尔太阳能系统有限公司
24	用于大型太阳能模组的固定结构和太阳能模组	CN102119305A	2011-07-06	CN200980131386.7	2009-07-10	格尔丽舍太阳能有限公司
25	一种能减少或消除太阳能跟踪传动系统回差的装置	CN101666554A	2010-03-10	CN200810013097.4	2008-09-04	沈阳捷科特科技有限公司
26	一种外置的太阳能遮阳板系统	CN1873157A	2006-12-06	CN200610061349.1	2006-06-28	李毅
27	太阳能反射镜面板及其制造	CN102460032A	2012-05-16	CN201080024531.4	2010-04-06	威萨尔德动力股份有限公司
28	太阳能蓄热地源热泵供热水系统	CN101556082A	2009-10-14	CN200910068803.X	2009-05-11	天津大学
29	用于太阳能采集的系统和方法及相关的制造方法	CN102216695A	2011-10-12	CN200980146342.1	2009-09-18	加利福尼亚大学董事会
30	可由销售店组装的太阳能吸收器热交换器	CN101868676A	2010-10-20	CN200980101086.4	2009-10-23	巴布科克和威尔科克斯能量产生集团公司
31	可移动太阳灶支承机构	CN101063562A	2007-10-31	CN200610026101.1	2006-04-27	都本强
32	多管式太阳能收集器结构	CN101839563A	2010-09-22	CN200910224940.8	2005-02-17	澳斯拉有限公司
33	具有太阳能集热功能的复合导热构件	CN1804259A	2006-07-19	CN200610013046.2	2006-01-13	天津大学
34	太阳能用吸热管	CN101893340A	2010-11-24	CN201010234023.0	2003-07-08	肖特股份有限公司
35	太阳能电池模块的安装结构	CN101151429A	2008-03-26	CN200680009925.6	2006-03-24	夏普株式会社

续表

序号	标题	公开号	公开日	申请号	申请日	申请人
36	太阳能电池模块的固定构造、太阳能电池模块用的框架及固定构件	CN101802324A	2010-08-11	CN200780051295.3	2007-09-26	株式会社屋根技术研究所
37	一种用于光伏建筑一体化的太阳能电池组件	CN101812904A	2010-08-25	CN201010141222.7	2010-04-01	深圳市创益科技发展有限公司
38	太阳辐射收集装置	CN1823247A	2006-08-23	CN200480019829.0	2004-05-27	森恩基 PTY 有限公司
39	异形太阳能光伏幕墙玻璃及其制造方法	CN101487308A	2009-07-22	CN200910105067.0	2009-01-15	李毅
40	呼吸式太阳能光伏玻璃幕墙及其用途	CN101100880A	2008-01-09	CN200710075269.6	2007-07-25	李毅
41	太阳能选择性吸收表面涂层	CN1159553A	1997-09-17	CN96102331.7	1996-06-19	澳大利亚悉尼大学
42	用于吸收太阳能的光学作用多层系统	CN102782422A	2012-11-14	CN201080051119.1	2010-11-05	阿尔姆科–蒂诺克斯有限责任公司
43	太阳能用吸热管	CN101893341A	2010-11-24	CN201010234024.5	2003-07-08	肖特股份有限公司
44	多功能建筑集成墙面安装太阳能空气集热器组合模块	CN101650080A	2010-02-17	CN200910187278.3	2009-09-05	大连理工大学
45	太阳能收集器	CN1875227A	2006-12-06	CN200480032460.7	2004-11-04	肖特股份有限公司
46	太阳能转换装置	CN101466984A	2009-06-24	CN200780020600.2	2007-04-05	桑塞考国际有限责任公司
47	浮动太阳平台	CN101014811A	2007-08-08	CN200580030207.2	2005-09-07	尼古拉斯・约翰尼斯・莱恩
48	一种太阳能中高温选择性吸热涂层	CN101876490A	2010-11-03	CN200910214222.2	2009-12-25	中国科学院广州能源研究所；广州科凌新技术有限公司
49	低热损的平板式太阳能集热器	CN101231036A	2008-07-30	CN200810018507.4	2008-02-15	赵二斤
50	太阳能围栏柱结构	CN102939428A	2013-02-20	CN201080066233.1	2010-10-05	高丝达格电子工业贸易公司
51	具有集成的化学热泵的太阳能板	CN102753907A	2012-10-24	CN201080056205.1	2010-12-08	克莱美特韦尔公司
52	防爆太阳能全玻璃真空集热管	CN1563847A	2005-01-12	CN200410012193.9	2004-03-18	王恒月；黄永年
53	太阳能吸收器	CN101023305A	2007-08-22	CN200580026394.7	2005-08-05	肖特股份有限公司

续表

序号	标题	公开号	公开日	申请号	申请日	申请人
54	一种太阳能热水器水箱	CN101769647A	2010-07-07	CN201010033714.4	2010-01-11	北京市太阳能研究所有限公司
55	太阳能蓄能通风采暖系统	CN101324352A	2008-12-17	CN200810069972.0	2008-07-11	重庆大学
56	用于太阳能收集器的热管	CN101646906A	2010-02-10	CN200880010652.6	2008-04-07	金斯潘控股有限公司
57	太阳能电池模块及太阳能电池阵列	CN102137976A	2011-07-27	CN200980133914.2	2009-09-02	株式会社钟化
58	太阳能收集装置	CN101523000A	2009-09-02	CN200780036294.1	2007-09-28	B-波茨控股有限公司
59	太阳能电池模块、太阳能电池模块的铺设构造以及太阳能电池模块的铺设方法	CN102137977A	2011-07-27	CN200980133933.5	2009-09-02	株式会社钟化
60	用于太阳能吸收板的横截面可变的薄壁集流器	CN101379350A	2009-03-04	CN200780004233.7	2007-01-31	SENER 工程系统私人控股公司
61	太阳能烹饪设备	CN102597649A	2012-07-18	CN201080033195.X	2010-07-19	W&E 国际（加拿大）公司；林华谘
62	小弯管式太阳能热水器	CN102563928A	2012-07-11	CN201110416405.X	2011-12-14	镇江新梦溪能源科技有限公司
63	太阳能光伏发电——热水器复合组件及系统	CN1831447A	2006-09-13	CN200610010805.X	2006-04-11	涂济民
64	二级太阳能聚光系统	CN101460788A	2009-06-17	CN200780019775.1	2007-10-05	卢嫩堡铸造工程有限公司；彼得·J·金利
65	聚集型太阳能收集器	CN102906513A	2013-01-30	CN201180024069.2	2011-04-12	科根纳太阳能公司
66	太阳能光伏发电自动跟踪系统	CN101571321A	2009-11-04	CN200910038907.6	2009-04-23	张训
67	多层结构式太阳热平板集热器模块	CN1705851A	2005-12-07	CN200380101706.7	2003-10-18	莱茵青克有限公司及两合公司
68	太阳电池组件的固定构造	CN102282325A	2011-12-14	CN200980154408.1	2009-12-25	株式会社屋根技术研究所
69	温室的聚光太阳能发电	CN103229000A	2013-07-31	CN201180042706.9	2011-07-02	玻点太阳能有限公司
70	微通道管太阳能集热器	CN102159903A	2011-08-17	CN200980136341.9	2009-07-21	加利福尼亚大学董事会
71	光机电一体化户用太阳能热水器	CN101639293A	2010-02-03	CN200910091015.2	2009-08-18	北京天普太阳能工业有限公司

续表

序号	标题	公开号	公开日	申请号	申请日	申请人
72	阳光聚集反射器和太阳能利用系统	CN101027524A	2007-08-29	CN200580029052.0	2005-08-31	国立大学法人东京工业大学
73	塔式太阳能热发电中定日镜自动跟踪太阳轨迹的控制方法	CN101614444A	2009-12-30	CN200810115370.4	2008-06-23	中国华电工程（集团）有限公司
74	太阳能跟踪器	CN101454619A	2009-06-10	CN200780017811.0	2007-03-12	联合工艺公司
75	高性能多层复合太阳选择性吸收涂层及其制备方法	CN101598468A	2009-12-09	CN200910152383.3	2009-06-25	兰州大成科技股份有限公司；兰州大成真空科技有限公司；常州大成绿色镀膜科技有限公司
76	一种太阳能空调	CN101666529A	2010-03-10	CN200910102262.8	2009-09-10	顾全军
77	太阳能收集器	CN102165269A	2011-08-24	CN200980137407.6	2009-09-25	索尔法斯特私人有限公司
78	用于太阳能收集器系统的吸气剂支撑组件	CN1720419A	2006-01-11	CN03825785.8	2003-08-07	索莱尔太阳能系统有限公司
79	太阳能光热玻璃幕墙	CN101922189A	2010-12-22	CN200910148308.X	2009-06-15	刘伟杰
80	太阳能收集器	CN101688693A	2010-03-31	CN200880017414.8	2008-05-30	金斯潘控股有限公司
81	利用天然工质以及太阳能或废热的发电、空调及供暖装置	CN1804502A	2006-07-19	CN200610010646.3	2006-01-23	杜培俭
82	太阳能系统的辐射热量护罩	CN1608189A	2005-04-20	CN02826061.9	2002-11-13	索勒尔太阳能系统有限公司
83	太阳能蓄热地源热泵供热水系统	CN101556082A	2009-10-14	CN200910068803.X	2009-05-11	天津大学
84	用于太阳能蓄热器的传热流体的仅在蒸汽状态下的循环	CN102483263A	2012-05-30	CN201080038863.8	2010-06-30	威萨尔德动力股份有限公司
85	具有真空密闭玻璃-金属密封的真空太阳能热面板	CN102124282A	2011-07-13	CN200980132040.9	2009-07-08	TVP 太阳能股份有限公司
86	一种光伏中空玻璃的光伏构件及用途	CN101538905A	2009-09-23	CN200910106676.8	2009-04-17	李毅
87	用于太阳能采集的系统和方法及相关的制造方法	CN102216695A	2011-10-12	CN200980146342.1	2009-09-18	加利福尼亚大学董事会
88	太阳能电池板安装系统	CN101426988A	2009-05-06	CN200580015652.1	2005-05-13	安德拉太阳能公司
89	用于吸收太阳能的光学作用多层系统	CN102782422A	2012-11-14	CN201080051119.1	2010-11-05	阿尔姆科–蒂诺克斯有限责任公司

续表

序号	标题	公开号	公开日	申请号	申请日	申请人
90	太阳能电池模块的安装结构	CN101151429A	2008-03-26	CN200680009925.6	2006-03-24	夏普株式会社
91	具有太阳能集热功能的复合导热构件	CN1804259A	2006-07-19	CN200610013046.2	2006-01-13	天津大学
92	一种用于光伏建筑一体化的太阳能电池组件	CN101812904A	2010-08-25	CN201010141222.7	2010-04-01	深圳市创益科技发展有限公司
93	太阳能选择性吸收表面涂层及其形成方法	CN1159553A	1997-09-17	CN96102331.7	1996-06-19	澳大利亚悉尼大学
94	呼吸式太阳能光伏玻璃幕墙	CN101100880A	2008-01-09	CN200710075269.6	2007-07-25	李毅
95	太阳能电池模块的固定构造、太阳能电池模块用的框架及固定构件	CN101802324A	2010-08-11	CN200780051295.3	2007-09-26	株式会社屋根技术研究所
96	多功能建筑集成墙面安装太阳能空气集热器组合模块	CN101650080A	2010-02-17	CN200910187278.3	2009-09-05	大连理工大学
97	太阳能转换装置	CN101466984A	2009-06-24	CN200780020600.2	2007-04-05	桑塞考国际有限责任公司
98	易排空的平板太阳能收集器	CN1856683A	2006-11-01	CN200480027410.X	2004-01-22	欧洲原子能研究组织
99	二级太阳能聚光系统	CN101460788A	2009-06-17	CN200780019775.1	2007-10-05	卢嫩堡铸造工程有限公司；彼得·J·金利
100	多层结构式太阳热平板集热器模块	CN1705851A	2005-12-07	CN200380101706.7	2003-10-18	莱茵青克有限公司及两合公司

资料来源：国家知识产权局网站. http://pss-system.cnipa.gov.cn/sipopublicsearch/portal/uiIndex.shtml